日本語検定

文部科学省後援事業

1級 2級

公式 難読漢字 問題集

日本語検定委員会 監修
眞野道子 編

東京書籍

2級　一問一答

■凡例

一、『日本語検定　公式「難読漢字」問題集　1級2級』は、日本語検定1級・2級の受検者をはじめ、漢字力アップをめざす社会人や、難関大学を志望する受験生を対象としている。なお、日本語検定では1級に10回以上認定されると「日本語の達人」の称号が授与される。

一、本書は、日本語検定1級・2級の過去10年間に出題された「難読漢字」を中心に、「漢字の読み書き」「四字熟語」「誤字訂正」「類義語・対義語」などの問題を集めている。

一、日本語検定は日本語の総合的な能力を測るもので、漢字の能力のみを必要としているわけではない。その点から本書では、必ずしも「難読漢字」ではないが、使い方に注意したい漢字も多く取り上げている。よく出題される漢字は、重複して取り上げた場合もある。

一、本書は、「一問一答」の形式を中心とし、問題文の下段か、すぐ後にまとめて「答え」を掲載している。シートなどを使って、「答え」を隠しながら解答することをお勧めしたい。

一、本書では、読者の自学自習に役立てていただくため、各漢字や言葉の意味の説明はあえて省略している。言葉の正確な意味や用法を辞書で確認することは、日本語の学習上、極めて大切なことである。本書で新たに学んだ漢字や言葉については、一つひとつ辞書に当たって確認することをぜひお勧めしたい。

一、本書は、前半が「2級」、後半が「1級」で構成されているが、これはおおよその難易度の目安である。幅広い読者の需要に応えるため、「2級」の章には1級~3級程度の問題を、「1級」の章には1級・2級程度の問題を採録している。。

2級

一問一答

読み問題

次の短文中の太字部分の読みを書きなさい。

□ あんなに人前で**罵**られたら、腹が立たないわけがない。　ののし

□ 彼女の心を**弄**ぶようなことはやめるべきだ。　もてあそ

□ 彼は一人っ子で、両親の愛情と**慈**しみを一身に受けて育った。　いつく

□ 九州の友人の実家に立ち寄った折、**懇**ろなもてなしを受けた。　ねんご

□ この茶色い小さな虫は、窓の**僅**かな隙間から侵入してきたようだ。　わず

□ 消費税を上げないと国の財政が**破綻**するというが、本当だろうか。　はたん

□ 自社の利益に**貪欲**な会社は、消費者の厳しい批判にさらされる。　どんよく

□ 童話には、大人にとっても**示唆**に富んだものが多い。　しさ

□ 乾燥する冬場は、こまめに水を飲んで、**喉**を湿らせるようにしています。　のど

□ 祖母は脳**梗塞**になり、今は都内の病院に入院しております。　こうそく

□ 彼女の口ぶりには、歌手への**憧**れの気持ちがうかがわれる。　あこが

□ 沖を進む船のマストに、日の丸が**翻**っているのが見えた。　ひるがえ

□ 今年の夏、**巷**の話題はオリンピック一色だった。　ちまた

□ 服役中の男が、国王の**恩赦**で釈放されることになった。　おんしゃ

□ **若輩**の私にこのような大役は荷が重いので、ご再考願います。　じゃくはい

- □ 姉ばかりが母親にほめられ、妹はすっかり**僻**んでしまっている。　ひが
- □ 個人の通信や電子メールを国家の情報機関が**傍受**していた。　ぼうじゅ
- □ 報告書は、「事件のあらましは概ね以上の**如**し。」と結ばれていた。　ごと
- □ 彼は京都を拠点にして尊王攘夷を**鼓吹**したことで、幕府の弾圧を受けた。　こすい
- □ そろそろ私も後進に道を譲る**潮時**だと考えているところだ。　しおどき
- □ 相手の硬軟織り交ぜた作戦にすっかり**翻弄**された。　ほんろう
- □ 人を**唆**して悪事を行わせるのは、それだけで罪に当たる。　そそのか
- □ 行政の仕事を民間に委託する**潮流**は、今後も続くことだろう。　ちょうりゅう
- □ 財政の立て直しにむけ、**不撓**不屈の決意で改革に取り組んで参ります。　ふとう
- □ 小学校の同窓会で旧友たちに会い、往時のことが鮮やかに**蘇**ってきた。　よみがえ
- □ 大学受験をひかえ、弟は最近寝不足で**腫**れぼったい目をしている。　は
- □ **巷説**によれば、その後、彼女は生家を離れ仏門に入ったという。　こうせつ
- □ 今日職場で、ＡＥＤを使った心肺**蘇生**法の講習を受けた。　そせい
- □ 城主は臨終に際し、**枕頭**に重臣を集め、後事を託した。　ちんとう
- □ このままA社との交渉を続けるべきか否か、社長の**決裁**を仰いだ。　けっさい
- □ 整形外科で、背中にできた**腫瘍**を取り除いてもらった。　しゅよう
- □ 親密だった外交関係に**綻**びが生じて、両国の間がぎくしゃくしている。　ほころ
- □ 結婚に反対し続けた私を、娘は**赦**してはくれないだろう。　ゆる

□	子育てよりも仕事を優先してきたことに、今更ながら**悔悟**の念を抱いた。	かいご
□	彼女は初主演の映画で難しい役を堂々と演じ、大器の**片鱗**をうかがわせた。	へんりん
□	この国も、いつまでも大国の**庇護**を受けているわけにはいかない。	ひご
□	搭乗手続きを簡略化して、「飛行機は面倒」という印象を**払拭**すべきだ。	ふっしょく
□	この観音様は**慈愛**に満ちた表情をされている。	じあい
□	先日の土砂災害で亡くなった方々に、心から**哀悼**の意を表します。	あいとう
□	悪天候にも**拘**わらず、地元警察は山頂付近で行方不明者の捜索を続行した。	かか
□	平安時代末期、都の外れ、羅生門の付近は不逞の**輩**が横行していたという。	やから
□	責任者としては、工事の**進捗**状況が気になります。	しんちょく
□	根気強く父に**懇願**してきたが、ついにアメリカ留学を許してもらえた。	こんがん
□	財政再建が、我が国にとって**焦眉**の課題であることは言うまでもない。	しょうび
□	水産高校でうなぎの人工的な**孵化**に成功したという。	ふか
□	大学病院の耳鼻**咽喉**科に来たのは、これが初めてです。	いんこう
□	物理学界の常識を覆す、宇宙の起源に関する新説を**訝**しむ声もある。	いぶか
□	この商品は在庫が**僅少**らしいので、早めに買っておいたほうがよい。	きんしょう
□	かつての同級生を見かけたので挨拶をしてみたが、**怪訝**な表情をされた。	けげん
□	大学時代には、あらゆるジャンルの本を**貪**るように読んだ。	むさぼ
□	木工に興味を持ちだした息子に、板に**錐**で穴を開けるやり方を教えた。	きり

□何かにつけ常々、兄の**衒学的**な態度は鼻持ちならないと思っている。　げんがくてき
□ケーブルテレビによって、**僻地**における視聴難が解消されつつある。　へきち
□歌川豊国は、十八～十九世紀に役者絵などに筆を**揮**った人物として有名だ。　ふる
□この動画は、町を襲った竜巻のすさまじさを**如実**に物語っている。　にょじつ
□先日ご馳走になったので、今日は私に**奢**らせてください。　おご
□玄関には、明治の元老が**揮毫**したという立派な扁額が飾られていた。　きごう
□忘れ物について尋ねたが、**突っ慳貪**な答えしか返ってこなかった。　つっけんどん
□彼は、気の向かない番組に出演したことを**悔**いていた。　く
□広場は、紛争状態にある隣国から**遁**れてきた難民たちであふれていた。　のが
□三田君は、小さなことに**拘泥**しない、さっぱりした性格の持ち主だ。　こうでい
□最近は、映画の中で登場人物がたばこを**吹**かすシーンがめっきり減った。　ふ
□雪の重さで**撓**んだ梅の枝は、今にもぽきりと折れそうだ。　たわ
□リュックサックからタオルを出して、首や背中の汗を**拭**った。　ぬぐ
□土塀に開いた穴を、粘土で**塞**いだ。　ふさ
□兄の意見に納得がいかないという風に、彼は**眉根**を寄せて考え込んだ。　まゆね
□このところ、夏になると決まって**倦怠感**や食欲不振に悩まされている。　けんたいかん
□「あおによし」は、「奈良」の**枕詞**である。　まくらことば
□これから、はさみを使って布を**裁**つ方法をご説明します。　た

□ 最近、外で**雀**を見かけることがめっきり減ったような気がする。　すずめ

□ にわとりの卵が**孵**るまでには、二十一日かかるそうだ。　かえ

□ 昨夜の強風で、隣の家の**庇**の一部が飛ばされてしまった。　ひさし

□ 遊歩道の**傍**らの池に、きれいなスイレンの花が咲いている。　かたわ

□ 相撲道に**邁進**することを誓った、新横綱の素朴な口上に心を打たれた。　まいしん

□ 谷口君は私にとって、親友というよりは**畏友**と言ったほうがよい人物だ。　いゆう

□ 捕まった犯人に、やじ馬は**罵声**を浴びせかけた。　ばせい

□ 宝くじで三百万円当たった隣人に、つい**羨望**のまなざしを向けてしまった。　せんぼう

□ 私が役に立たないと見て取るや、彼女の態度は**豹変**した。　ひょうへん

□ 帽子を**目深**にかぶっているので、彼がどんな表情なのかはよく分からない。　まぶか

□ 第二次世界大戦中、彼の祖父は徴兵を**忌避**するために、海外に逃れたそうだ。　きひ

□ 部屋の家具類からは、往時の貴族たちの**豪奢**な生活ぶりがうかがえる。　ごうしゃ

□ 三十年ぶりに母屋を**普請**することにした。　ふしん

□ 捜査員に矛盾を突かれ、容疑者は**狼狽**の色を隠せなかった。　ろうばい

□ 町中に突然現れたイノシシは、人々に追われて山の方へ**遁走**していった。　とんそう

□ 弟の結婚式に見知らぬ男が**闖入**するというハプニングがあった。　ちんにゅう

□ アメリカへの**憧憬**を、彼は歌詞の中でつづっている。　しょうけい／どうけい

□ これからも奇を**衒**うことなく、正統な方法で研究課題に取り組んでいきたい。　てら
□ **万**やむを得ない事情があったとはいえ、恩師を裏切ったのは紛れもない事実だ。　ばん
□ 彼女がカリスマ的な政治家であることは、**衆目**の一致するところである。　しゅうもく
□ 日本語の先祖といえる言語は何語なのか、諸説が**紛紛**としている。　ふんぷん
□ 魚を上手に煮る秘訣は、**灰汁**を丹念に取ることに尽きます。　あく
□ ここは野球の**定石**どおり、バントでランナーを進める策を取るべきだ。　じょうせき
□ 朝夕、肌寒くなったので、**納戸**から厚手のセーターを取り出してきた。　なんど
□ **立錐**の余地もない花火会場の混雑ぶりに、弟は驚き入った様子だ。　りっすい
□ お父様のご逝去を**悼**み、謹んでお悔やみ申し上げます。　いた
□ 彼の葬儀には、現職の総理をはじめとして**朝野**の名士が一堂に集まった。　ちょうや
□ 魚の**鱗**には、コラーゲンが豊富に含まれているそうだ。　うろこ
□ あの政治家は、失言ばかりしていながら**恬**として恥じない。　てん
□ 横綱・浜野山は全勝のまま千秋楽を迎え、一年ぶりの**賜杯**に王手をかけた。　しはい
□ 「**孔雀**の間」「鶴の間」といった宴会場名にも、ランクがあるのだろうか。　くじゃく
□ 先輩が薦めてくれた参考書のお蔭で、受験勉強が随分と**捗**った。　はかど
□ どんな仕事であっても、日々**倦**まず弛まず取り組むのが私の信条です。　う
□ 今年に入ってまわりで**不祝儀**なことが続き、なかなか気が晴れることがない。　ぶしゅうぎ／ふしゅうぎ

□ 彼は大口の契約が取れたことを、手柄のように自慢げに**吹聴**している。　ふいちょう

□ 日本では喫煙者が減ってはいるが、肺がんの**罹患率**は微増傾向のようだ。　りかんりつ

□ 政府は当時、景気は**漸次**回復しつつあるとの見解を示していた。　ぜんじ

□ 閣僚のスキャンダルの報道後、ここを**先途**と野党はこぞって与党を責め立てた。　せんど

□ たとえ**軽微**な違反であっても、法律違反であることには変わりがない。　けいび

□ 三十歳で**夭折**した詩人、中原中也の作品を朗読します。　ようせつ

□ 新スタジアムの**杮**落としは、緊急事態宣言の発出により延期になった。　こけら

□ コンプライアンスの意味を調べると法令**遵守**としているものが多い。　じゅんしゅ

□ 明智光秀が**謀反**を起こした動機について、私なりに想像してみた。　むほん

□ その場を何とか**繕**ってごまかそうとするのは、君の悪い癖だ。　つくろ

□ 日本の観光名所では、人力車を**牽**いて軽快に走る車夫の姿をよく目にする。　ひ

□ あの人は紀州徳川家の**末裔**だと吹聴しているが、誰も本気にしていない。　まつえい

□ 市長は「先例に**則**る」という姿勢を貫いている。　のっと

□ アナログだといわれるけれど、私はいつでもペンとメモ用紙を**携**えている。　たずさ

□ **無花果**の実をジャムにしたら意外とうまくできたので、また作ってみよう。　いちじく

□ 試験日程と要項が発表になったので、**俄然**やる気が出てきた。　がぜん

□ ここ数年で売り上げが**逓減**し、いよいよ経営が危ういところまで来ている。　ていげん

□ 交渉が**停頓**していっこうに問題が解決しないまま、時間だけが過ぎていく。　ていとん

- □ **暴露**本を出版して溜飲を下げるなんて、私は悪趣味だと思う。　ばくろ
- □ いずれ近いうち、再び息を吹き返してくることは**必定**である。　ひつじょう
- □ リバウンドを繰り返しているうちに、痩せたいという気持ちが**萎**えてしまった。　な
- □ 十九世紀に活躍したその画家は、**妖艶**な女性を描いて人気を博した。　ようえん
- □ 物事の発展する初期の段階を「**揺籃**期」という。　ようらん
- □ スポーツ界で女性の活躍は今や男性を**凌駕**するほどだ。　りょうが
- □ ご指名により**僭越**ながら乾杯の音頭をとらせていただきます。　せんえつ
- □ この作家の小説はしばしば**厭世**的で、読んでいると辛くなる。　えんせい
- □ 父の**出奔**から三年の月日が流れた。　しゅっぽん
- □ 田舎の家では竈を使っていたから、天井や梁が**煤**だらけだった。　すす
- □ わざわいと幸福は表裏一体のもの。「禍福は**糾**える縄のごとし」。　あざな
- □ **素封家**に嫁いだ娘は、いろいろと気苦労が絶えない様子だ。　そほうか
- □ イタリアに行くなら、ファッションの都ミラノでシャツを**誂**えてみたい。　あつら
- □ 書類に**押捺**する前に、契約内容をよく読んで確認してください。　おうなつ
- □ 収入が安定しないので、支出を**約**めて生活している。　つづ
- □ 指導者の交代によって**微**かに両国関係改善の兆しが見え始めた。　かす
- □ チームは**盤石**の投手リレーで一点のリードを守り切った。　ばんじゃく／ばんせき

□ 浜辺には**夥**しい量のプラスチックごみが散乱していた。
おびただ

□ 先生に指名された生徒は、**徐**に立ち上がった。
おもむろ

□ 歩きスマホをしていた彼は、電柱にぶつかって、おでこにコブを**拵**えた。
こしら

□ 小さな地震が**頻**りに起こるので、大地震の予兆ではないかと心配になる。
しき

□ あの新刊書は**頗**るおもしろいと評判だったが、読んでみると期待外れだった。
すこぶ

□ 社内では彼が辞職するといううわさが**専**らだ。
もっぱ

□ 授業中に強烈な睡魔に襲われたので、手を**抓**って眠気が覚めるようにした。
つね

□ 十万円の予算を支出されたが、九万円で済んだので残りを**戻入**した。
れいにゅう

□ 今年の大会は**劈頭**から荒れ模様であった。
へきとう

□ 高校から**心太**式に進学できたから、大学受験は経験していない。
ところてん

□ 出版不況が続く中、「重版**出来**」は本当にうれしい言葉だ。
しゅったい

□ 君は若いのに、「**恐懼**感激しました」なんて言葉をよく知っているね。
きょうく

□ 半世紀前に起こった**騒擾**事件の顛末を調べてみた。
そうじょう

□ **遜**り過ぎると、かえって卑屈に見えるから注意せよ。
へりくだ

□ その事件の犯人は**贖罪**のために何をすればいいのか考え続けた。
しょくざい

□ **守株**だと言われても、安易に周りには迎合したくない。
しゅしゅ

□ トンネルのことを漢語的表現で**隧道**という。
すいどう／ずいどう

□「狭い**乍**らも楽しい我が家」とは言うが、やはり広い家には憧れる。　なが

□高校生の時、芸術科目で書道を選択し、**篆書**を習った。　てんしょ

□在宅勤務による残業規定を変更したが、この規定の適用を先月に**遡及**して行う。　そきゅう

□突然のオファーに対して、彼女は**躊躇**うことなくその場で返事をした。　ためら

□外国人の友人が歌舞伎を見たいと言ったので、**桟敷**席を予約した。　さじき

□**寡作**で有名な画家のコレクションの中に、贋作の疑いがある作品が数点ある。　かさく

□世界的なパンデミックで、我が国でも先行きの**懸念**が高まっている。　けねん

書き取り問題

次の短文中の太字部分を漢字に直しなさい。

□	下降線の傾斜は、十年の経過ごとに**ユル**やかになっている。	緩
□	辞書には、従来の**キハン**的な意味が記述されている。	規範／軌範
□	量的不足→量的満足→質的**ツイキュウ**という過程は戦後の日本でも同様であった。	追求
□	海外メディアの日本への**ショウセイ**による、訪日旅行の需要促進が望まれる。	招請
□	行動を全て把握することはできないので、いくらでも理由を**ソウサク**できます。	創作
□	略語が作られるのは、そのほうが、発音が容易で**コウリツ**的だからだといわれます。	効率
□	いつも独断**センコウ**で突き進み、まわりの人を悩ませる。	専行
□	**イヤオウ**なしに正しい敬語の使い方について意識させられる場面があった。	否応
□	感染症対策において、きめ細かい**シサク**を講じてもらいたいと切に願う。	施策
□	今の若い親はなってない、という趣旨の**ケンオ**なのかもしれない。	嫌悪
□	もう一人の少年が**マネ**をしたので、どっと笑いが起こった。	真似
□	駅の**ザットウ**から聞こえてくる方言で、郷里への懐かしさが呼び起こされる。	雑踏／雑沓
□	微妙な言葉の違いだけで**シュウチ**徹底を図るには無理がある。	周知
□	この内容には、少なからず**イワカン**を覚える。	違和感／異和感

- □ 他者のための**エイイ**の継続は、若い世代にも実りをもたらすにちがいない。　営為
- □ 「歩行者天国」は、道路が車のものだという認識ありきの**ヒクツ**な呼び名である。　卑屈
- □ **センサイ**な美意識を持つ者は、金額として「見える化」することに抵抗がある。　繊細
- □ 総選挙の実施など、タイ社会は、少しずつ**タイドウ**し始めたようだ。　胎動
- □ 方言は、読む者に標準語よりも大きな**ショウゲキ**を与えるだろう。　衝撃
- □ 新しい語のアクセントは、**キソン**の類似の語を参考にしながら決められる。　既存
- □ 個人情報の漏洩によって、実害が生じることが**キグ**されている。　危惧
- □ 歯医者に行って、**シコウ**を取り除いてもらった。　歯垢
- □ 展覧会を開催する計画だったが、この不況で**ガベイ**に帰してしまった。　画餅
- □ ボスの座を追われた猿が、群れから**ノ**け者にされていた。　除
- □ 故郷の町からは、マッターホルンが**キツリツ**している姿を見ることができる。　屹立
- □ この市にとって、財政の再建が**キッキン**の課題となっている。　喫緊
- □ インフルエンザの**マンエン**を防ぐためには、手洗い、うがいの励行が大切だ。　蔓延
- □ 人気女優の**エンブン**が、まことしやかにインターネット上に流れている。　艶聞
- □ 天正遣欧使節には、容姿が**タンレイ**で体力と語学力に優れた少年四人が選ばれた。　端麗
- □ 彼の作風は世間に受け入れられず、**イタン**の浮世絵師として知られることとなった。　異端
- □ 東大寺のお水取りは、千二百年以上も**レンメン**と続けられてきた法会である。　連綿
- □ 子どもが今年就職して、やっと子育てから**ホウメン**されたと妻は喜んでいる。　放免

□ 相手チームの**シツヨウ**な攻撃の前に、味方の守備陣は力尽きてしまった。 執拗

□ 課長に、遅刻が多いと**シッセキ**を受けた。 叱責

□ 飛鳥時代の仏像は、中国北魏の様式を**モホウ**したものが多い。 模倣／摸倣

□ 父は、役所に勤めて初めて手にした**ホウキュウ**で、母に指輪を買ったという。 俸給

□ 佐藤さんは、数々の一流ゴルファーを育てた名**ハクラク**として知られている。 伯楽

□ 尊敬する兄にほめられて、弟は**ガンシュウ**の色を浮かべた。 含羞

□ 急成長したこの会社は、いくつかの企業の買収に**ショクシュ**を伸ばしている。 触手

□ この調査報告書は**キャクショク**が多いようで、うのみにすることはできない。 脚色

□ 車が橋の**ランカン**に衝突するのを、偶然目撃した。 欄干

□ 食事に誘われたが、見たいテレビ番組があったので、**エンキョク**に断った。 婉曲

□ 先月、屋久島を旅行し、その自然の偉大さに**イケイ**の念を抱きました。 畏敬

□ 同社の扱う商品は、家電製品、台所用品、**ガング**など、多岐にわたる。 玩具

□ 同窓会に行くのを楽しみにしていたが、いざとなると**オックウ**になった。 億劫

□ 君もプロの記者なら、**オクソク**で記事を書くのはやめたほうがいい。 臆測／憶測

□ 飛行機で隣の席になったのは、**カップク**のいい男性だった。 恰幅

□ 函館の町には、ペリー**テイトク**の来航記念碑が建っている。 提督

□ 彼は何事にも**タンパク**な人柄で、物や金に執着しない。 淡泊／淡白／澹泊

□ 日本に仏教が**デンパ**したのは、六世紀だとされている。 伝播
□ 引退したばかりの横綱を見かけたが、さすがに**カンロク**があった。 貫禄
□ 父は先日の転倒事故で、**ロッコツ**にひびが入ってしまった。 肋骨
□ 店の経営が立ちゆかなくなり、父は**ヒタン**に暮れた。 悲嘆／悲歎
□ **キュウクツ**なハイヒールをはいて、関節を変形させてしまう女性が増えている。 窮屈
□ 老舗の旅館が敷地内を**クッサク**して、新たな源泉を発見したと発表した。 掘削／掘鑿
□ 飲酒運転によって引き起こされる**ヒサン**な事故は、未だに後を絶たない。 悲惨
□ 恩師の**サンジュ**のお祝いを兼ねて、高校の同窓会が開かれることになった。 傘寿
□ 世界的なバイオリニストの生演奏を聴いて**ユエツ**にひたった。 愉悦
□ 彼のようなまじめな人間が、**ワイロ**など受け取るはずがない。 賄賂
□ A社のパソコン事業の国内シェアは、**チョウラク**の一途をたどっている。 凋落
□ 天候に恵まれ、一日、パリの街を**マンポ**した。 漫歩
□ 期待の新人の、あまりに**カンマン**なプレーに、コーチは激怒した。 緩慢
□ この地区では、急**コウバイ**の屋根が特徴的な洋風の家が目立つ。 勾配
□ 園内の歌碑には、明治天皇が**ギョウコウ**した際に詠んだ歌が刻まれている。 行幸
□ **ジュニュウ**期にカフェインをとるのは、乳児に良くないと友人が言っていた。 授乳
□ **トリモノチョウ**に出てくる「目明かし」と「岡っ引き」は、ほぼ同じ意味である。 捕物帳／捕物帖

□ 赤ちゃんの肌はデリケートなので、少しの刺激で顔などに**シッシン**ができる。
湿疹

□ 祇園祭の山鉾**ジュンコウ**を見たくて、夏の京都を訪れた。
巡行

□ 今でこそ売れっ子作家だが、書いた本が売れず、**ハンモン**した時期もあるそうだ。
煩悶

□ 背中に白い**ハンテン**が見えるから、きっとあれはニホンジカだろう。
斑点

□ 化石燃料が**コカツ**したら、人々はどうやって暮らしていくのであろうか。
枯渇

□ 最後に、今後の課題として三点ほど**テッキ**しておく。
摘記

□ この映画では、新人が主役に**バッテキ**され、見事な演技を披露した。
抜擢

□ ライバル社に転職した**ボウオン**の徒のことなど、一切気にかけるな。
忘恩

□ 初めての出品で入賞できるとは、**ボウガイ**の幸せです。
望外

□ 男子四百メートルメドレーリレーで、日本チームは**キンサ**でメダルを逃した。
僅差

□ その年は、第一次世界大戦が**ボッパツ**してから百年に当たる節目の年だった。
勃発

□ 彼の主張はあまりに独善的で、私にはとうてい**シュコウ**しがたいものであった。
首肯

□ 黒田官兵衛は、豊臣秀吉の軍師として幾多の**シュクン**を立てたことで知られる。
殊勲

□ 鉄棒で**ケンスイ**ができないので、今日から毎朝腕立て伏せをすることにした。
懸垂

□ 夫はこのところ、連日の残業で**ショウスイ**しているようだ。
憔悴

□ 家賃を滞納し続ける借家人に対し、大家はやむなく**ソショウ**を起こすに至った。
訴訟

□ 湯たんぽで低温やけどをして、足の皮膚の一部が**エシ**してしまった。
壊死

□ 犯罪のうち、日本で圧倒的に多いのは**セットウ**だという。
窃盗

□ 和洋**セッチュウ**の代表的な食べ物は、あんぱんではないだろうか。 折衷／折中

□ 今日の私があるのも、森村先生の**クントウ**を得たおかげだ。 薫陶

□ この旅館には、歌人の若山牧水も**トウリュウ**したことがあるそうだ。 逗留

□ 伯父は長年持病を患っていたが、最新の治療法のお蔭で**ホンプク**した。 本復

□ 地元のイカ釣り漁船が強風に煽られて**テンプク**したそうだ。 転覆

□ この付箋には**ケイセン**が入っているので、書き込みをするのに便利だ。 罫線

□ 妹は、大学院の日本文学科で**シャレ**本などの江戸時代の文学を勉強している。 洒落

□ 有酸素運動は、**シンチンタイシャ**を高めるのに効果があるらしい。 新陳代謝

□ ドラマで肺結核を患った人が**カッケツ**するシーンを目にすることがある。 喀血

□ ウナギの**ギョカク**量が減少しているので食卓から姿を消す日は近いかもしれない。 漁獲

□ **エイヨウ**栄華を極めた人物といえば、平安期の藤原道長がまず思い浮かぶ。 栄耀

□ 食事はメニューを見て決めるので、とりあえずお**チョウシ**を二本お願いします。 銚子

□ 先の大戦時に祖父は軍事工場に**チョウヨウ**されたそうだ。 徴用

□ 今にも沈没しようという船から、**ヒキョウ**にも船長が真っ先に逃げ出した。 卑怯

□ 野党は、建設会社から賄賂を受けとったとされる大臣の**ヒメン**を要求した。 罷免

□ この寺の**ショウロウ**は、国の重要文化財にも指定されている。 鐘楼

□ 妻との間には、お互いの仕事には口をはさまないという**モッケイ**がある。 黙契

□ 神経質だと思っていたが、最近は**ケイカク**がとれて、つき合いやすくなった。 圭角

□ 先ほどから**オカン**がするし、のども痛いので、たぶん風邪だろう。 悪寒

□ 祖父母から先の大戦での体験談を直接聞き、思わず**オエツ**を漏らした。 嗚咽

□ 講演者の話が**カキョウ**に入ったところで急に停電し、会場が真っ暗になった。 佳境

□ うちの子どもは、粉薬や**カリュウ**の薬を飲むのが苦手なようです。 顆粒

□ 周囲の国々を**ヘイドン**し、一代にして大帝国を築きあげた。 併呑

□ 彼は娘を**ショウチュウ**の珠といつくしんで育ててきた。 掌中

□ **ホリョ**の交換は来週、第三国で行われることになった。 捕虜

□ 彼は留学先のドイツで、生涯の**ハンリョ**となる女性に出会った。 伴侶

□ 尊敬する父が**ジュンショク**したときに、私も警察官になろうと決意した。 殉職

□ 私の記憶では、この国は気候変動枠組条約を**ヒジュン**していないはずです。 批准

□ 真夏の暑さを少しでも防ぐため、**シャコウ**できるカーテンを買うことにした。 遮光

□ 以前書いたレポートを読み返してみたら、文章が**チセツ**なので恥ずかしくなった。 稚拙

□ 今回の個人データ流出の**ケイイ**については、現在鋭意調査中です。 経緯

□ 祖父の一周忌法要では、僧侶の**ドキョウ**が三十分以上続いた。 読経

□ 兵器をつくるのに必要な金属が不足して、お寺の鐘まで**キョウシュツ**させた。 供出

□ マラリアは、日本では一九六〇年代に**ボクメツ**されたとみなされている。 撲滅

□ 伝統を**ボクシュ**するだけでなく、新しい考え方を適宜取り入れる必要がある。 墨守

□ 当局は、政府転覆の**インボウ**に関与したとして、数人の軍人を拘束した模様だ。 陰謀

- □ 苦節二十年、ようやく彼は**ブンダン**に認められる作家となった。　文壇
- □ 最近は、**ダンカ**がどんどん減ってしまって、寺を維持するのも大変だと聞く。　檀家
- □ 新規事業について経営陣に意見を言う者もいたが、すべて**モクサツ**された。　黙殺
- □ ガンジス川で人々が**モクヨク**する目的の一つは、罪を洗い流すことだという。　沐浴
- □ 今度の十三日は**ビシャモン**様の縁日なので、このあたりは大勢の人で賑わいます。　毘沙門
- □ この秋に、**カジツ**を選んで二人で婚姻届を出しにいくつもりです。　佳日
- □ 市長は、下水道の整備を**ショキ**の目標通り、本年度中に完了させると確約した。　所期
- □ 両国が初めて停戦の合意に達し、平和への**ショコウ**が見えてきた。　曙光
- □ 四番打者の**キンコウ**を破る一打で、我がチームは勝利を収めることができた。　均衡
- □ 新春**コウレイ**の歌会始の儀式が宮中で行われました。　恒例
- □ 彼のような**ボクネンジン**に、司会など務まるわけがないだろう。　朴念仁
- □ 彼の提案はあまりにも**タンペイキュウ**な話で、対処に困った。　短兵急
- □ わが社も**キュウヘイ**を打破して、思いきった改革を行うべきだ。　旧弊
- □ 社運をかけた企画だから、関係者全員が**フタイテン**の決意で臨んでほしい。　不退転
- □ 石油資源は**ムジンゾウ**にあるわけではないから、近い将来、底をつくだろう。　無尽蔵
- □ もうすぐ終幕だから、そろそろ**ダイダンエン**を迎えることになるはずだ。　大団円
- □ ようやく建設許可が下りたが、完成まで工事は**ナガチョウバ**になりそうだ。　長丁場
- □ ネット依存は、低年齢ほどリスクが高いと、医師は**ケイショウ**を鳴らしている。　警鐘

□ 口の開閉時に痛みがあるので、医者に行ったら、**ガク**関節症だと診断された。

顎

□ 現代において、男子**チュウボウ**に入らずと主張するのは時代遅れだ。

厨房

□ 和やかな雰囲気の中、いつもは寡黙な彼も**ソウゴウ**を崩して話に加わった。

相好

□ 愛用している健康食品を強引に薦めてくる叔母に、正直、**ヘキエキ**している。

辟易

□ フェリーのデッキにたたずみ、沖縄の**コンペキ**の海を眺めていた。

紺碧

四字熟語の読み問題

次の四字熟語の読みを書きなさい。

□「気息奄々」息も絶え絶えでやっと生きている状態。　きそくえんえん

□「文人墨客」詩文や書画をたしなんで風流・風雅を楽しむ人。　ぶんじんぼっかく〔きゃく〕

□「金科玉条」守らなければならない大切な規則や絶対的な拠りどころ。　きんかぎょくじょう

□「剛毅果断」意志が強く物事を思いきって行うこと。　ごうきかだん

□「廃仏毀釈」仏教排斥のための運動のこと。　はいぶつきしゃく

□「風声鶴唳」怖気づいた人が、ちょっとしたことにびくびくすること。　ふうせいかくれい

□「羊頭狗肉」見せかけと内容が違うこと。　ようとうくにく

□「八面六臂」多方面で、一人で何人分もの活躍をすること。　はちめんろっぴ

□「跳梁跋扈」社会に好ましくない者どもがわが物顔に悪事を働くこと。　ちょうりょうばっこ

□「白河夜船」ぐっすり眠りこんでいて、何があったか全く知らないこと。　しらかわよふね

□「画竜点睛」最後のだいじな仕上げを施すこと。　がりょうてんせい

□「揣摩臆測」客観的な根拠もなく、あれこれと勝手な判断を下すこと。　しまおくそく

□「万古不易」どんなに時を経ても変わることがないこと。　ばんこふえき

□「盛者必衰」無常なこの世では栄華を極める者も必ず衰えること。　じょうしゃひっすい／しょうしゃ〔じゃ〕ひっすい

□「侃々諤々」遠慮なく直言すること。大いに議論すること。
かんかんがくがく

□「深謀遠慮」先のことを深く考えたはかりごと。
しんぼうえんりょ

□「傾城傾国」男を虜にしてやまない美女のたとえ。
けいせいけいこく

□「羽化登仙」酒に酔ってよい気分になること。
うかとうせん

□「前途遼遠」目標や目的などを達成するまでの道のりが長いこと。
ぜんとりょうえん

□「無欲恬淡」何事にもあっさりしていて欲がないこと。
むよくてんたん

□「明眸皓歯」美しい目元と真っ白な歯のこと。美女のたとえ。
めいぼうこうし

□「一言居士」自分の意見を言わないと気のすまない人。
いちげん〔ごん〕こじ

□「隔靴掻痒」物事が思うようにならず、もどかしく感じられること。
かっかそうよう

□「精励恪勤」力を尽くして職務に忠実に励む様子。
せいれいかっきん

□「櫛風沐雨」風雨にさらされて辛苦奔走すること。
しっぷうもくう

□「不立文字」悟りは文字や言葉ではなく、心から心へ伝えられるものだということ。
ふりゅうもんじ

□「魑魅魍魎」種々の妖怪。
ちみもうりょう

□「狷介孤高」自分の意志をかたくなに守って、他と協調しないさま。
けんかいここう

□「首鼠両端」どちらか一方に決めかねている様子。
しゅそりょうたん

□「鳩首凝議」多くの人が集まり、額を寄せ合って相談すること。
きゅうしゅぎょうぎ

□「博引旁証」実例や証拠を広い範囲から多く挙げて説明すること。
はくいんぼうしょう

□「運否天賦」成功するかどうかは運次第であること。
うんぷ〔ぴ〕てんぷ

□「閑雲野鶴」何の束縛もなく、悠々と自然を友として暮らすこと。　かんうんやかく

□「自家撞着」同じ人の言動に矛盾が生じること。　じかどうちゃく〔じゃく〕

□「換骨奪胎」先人の形式を踏襲しつつ、独自の作品を作り上げること。　かんこつだったい

□「漱石枕流」負け惜しみの強いことのたとえ。　そうせきちんりゅう

□「不倶戴天」ともにこの世にいられないほどの、深い恨みや怒り。　ふぐたいてん

□「一蓮托生」いっしょに行動し、運命を共にすること。　いちれんたくしょう

□「無知蒙昧」学問がなく、物事の道理を知らないこと。　むちもうまい

□「風光明媚」自然の眺めが清らかで美しいこと。　ふうこうめいび

□「和光同塵」自分の才能や徳を表に出さずに、俗世間にまじること。　わこうどうじん

□「曖昧模糊」物事の内容などがはっきりせず、よくわからない様子。　あいまいもこ

□「武陵桃源」俗世間を離れた理想的な別天地のこと。　ぶりょうとうげん

□「盤根錯節」解決・処理に苦慮することのたとえ。　ばんこんさくせつ

□「光風霽月」心が清らかで、わだかまりがない高潔な人柄。　こうふうせいげつ

□「狂言綺語」道理に合わず、飾り立てた言葉。小説や物語の類。　きょうげんきご〔きぎょ〕

□「軽妙洒脱」文章や会話などが軽やかで洗練されている様子。　けいみょうしゃだつ

□「罵詈雑言」口汚く悪口を言ってののしること。　ばりぞうごん

□「経世済民」世の中を治め、人民の苦しみを救うこと。　けいせいさいみん

□「天衣無縫」自然で見事な作品、飾らない純粋な人柄。　てんいむほう

□「秋霜烈日」刑罰・権力などが非常に厳しいことのたとえ。
しゅうそうれつじつ

□「夏炉冬扇」時期はずれの無駄なもののたとえ。
かろとうせん

□「意気衝天」天を衝くような勢いが感じられるほど、意気が盛んな状態。
いきしょうてん

□「千載一遇」千年の長い間で、たった一回会えるような好機のこと。
せんざいいちぐう

□「直情径行」感情のままに発言したり行動したりすること。
ちょくじょうけいこう

□「大言壮語」おおげさに言ったり、実現できないことをできそうに言うこと。
たいげんそうご

□「毀誉褒貶」ほめることと、そしること。
きよほうへん

□「無為徒食」何の仕事もせずぶらぶらと遊び暮らすこと。
むいとしょく

□「情状酌量」裁判官が被告人の事情を考慮して刑罰を軽くすること。
じょうじょうしゃくりょう

□「牽強付会」道理に合わない理屈で、無理に都合のいいようにはかること。
けんきょうふかい

□「意馬心猿」煩悩・情欲などのために心が乱れ、抑えがたいこと。
いばしんえん

□「志操堅固」自分の志や主義などを堅く守って変えないこと。
しそうけんご

□「狐疑逡巡」あれこれ疑問な点が多く、なかなか決心がつかないこと。
こぎしゅんじゅん

□「虚心坦懐」何のわだかまりもない素直な心で物事に臨むこと。
きょしんたんかい

□「鶏口牛後」大組織の末端にいるよりも、小さな組織でも長になるほうがよいということ。
けいこうぎゅうご

□「捲土重来」一度敗れた者が再び勢いを盛り返してくること。
けんどちょうらい
〔じゅうらい〕

四字熟語完成問題

次の短文中の□に漢字を入れ、四字熟語を完成させなさい。

□ 私の母校は、建学以来、**質□剛健**を旨とする名門校で、地元では有名だ。　質実剛健

□ 彼は**豪放磊□**な性格だから、そんな些細なことはきっと気に留めないよ。　豪放磊落

□ 台風が近づいているので、**□要□急**の外出は避けたほうがよいとのことだ。　不要不急

□ 最近の応募作品はどれも**千篇一□**で、審査をするのが嫌になってくる。　千篇一律

□ A社とは、利害関係も絡むので、これからも**□即□離**の関係を続けていく。　不即不離

□ あまりに望みが大きすぎて、他人からは**□大妄想**と思われている。　誇大妄想

□ 世界各地を旅する、**行□流水**のごとき生活を夢見ていた。　行雲流水

□ 細川君の卒業論文は内容が良くて、教授の間でも**□評嘖嘖**だ。　好評嘖嘖

□ **天地無□**と書いてある箱は、割れ物が入っているから気をつけて扱う。　天地無用

□ この絵画泥棒は**神出鬼□**で、容易にしっぽをつかませない。　神出鬼没

□ 教授の発表を**一言半□**も聞き逃すまいと、神経を集中させた。　一言半句

□ 彼は一流企業の社長になった今でも、**□衣□食**に徹している。　粗衣粗食

□ ワンマン社長の**理非曲□**をわきまえない発想には、社員は反発を覚えている。　理非曲直

□ この作品は評判になっているが、私には先の受賞作と**同工異□**に思える。　同工異曲

□ 戦国時代、武将たちは**権謀□数**をめぐらして覇権を競った。　権謀術数

□ このような□**循姑息**なやり方を続けていては、我が社に未来はない。
因循姑息

□ 彼女はIT業界で活躍する、□**壮有為**の経営者です。
少壮有為

□ 交渉相手の□**理**□**体**な要求を聞き、怒り心頭に発した。
無理無体

□ 就職活動の開始時期について、企業側にも**大**□**高**□から考えてほしい。
大所高所

□ 将来性のある中小企業や□**細企業**を発掘し投資するのが当法人の目的です。
零細企業

□ 健全な身体と**堅**□**不抜**の精神を養うこと、これが監督の教育方針でした。
堅忍不抜

□ 緑茶にはカテキンが多く含まれ、**動脈**□**化**の予防作用があるという。
動脈硬化

□ 彼女の態度はあまりにも**傍**□**無人**で、周囲の顰蹙を買っている。
傍若無人

□ **無病**□**災**のご利益があるという、隣町の神社へ初詣に出かけた。
無病息災

□ **異国情**□漂うグラバー邸や出島を見たいと思い、長崎を訪れた。
異国情緒〔調〕

□ 次の開催地に決まり、**狂**□**乱舞**する関係者の姿がテレビで流されている。
狂喜乱舞

□ 警護中の警察官が大統領に発砲するという、□**天動地**の事件が起こった。
驚〔震〕天動地

□ **直情**□**行**であるところは、彼の長所でもあり短所でもある。
直情径行

□ 現在、世界的な規模で飲料業界の**合**□**連衡**が進んでいる。
合従連衡

□ この四年間、**臥薪嘗**□の思いで練習に励み、念願の金メダルを獲得した。
臥薪嘗胆

□ 世論を気にして**右**□**左眄**することなく、自分の政策を語るべきだ。
右顧左眄

□ 三度目の司法試験も不合格となり、彼はすっかり□**気消沈**していた。
意気消沈

□ 選挙期間中は、候補者に関する様々な□**言飛語**が飛び交った。
流〔造〕言飛語

- □ □学非才の身ではありますが、全力を傾注して事に当たります。　浅学非才
- □ この前泊まった地方の旅館は、□色蒼然とした造りだった。　古色蒼然
- □ 彼は家にこもって、テレビドラマの脚本を一気呵□に書き上げた。　一気呵成
- □ 空を飛ぶという人類の気□壮大な夢がついに実現した。　気宇壮大
- □ 織田信長が築いた安土城の天守閣は、豪□絢爛なものだったという。　豪華絢爛
- □ 台□一過の青空の下、市民体育祭の開会が高らかに告げられた。　台風一過
- □ この関取は本場所で勝ち越し、三十代半ばを過ぎても意気□昂だ。　意気軒昂
- □ 彼とは共に野球部に入部して、ライバルとしてお互いに□磋琢磨してきた。　切磋琢磨
- □ 今は隠□自重して、好機をじっと待つことにしよう。　隠忍自重
- □ 理□整然と自説を述べた彼女に、異を唱える者は一人としていなかった。　理路整然
- □ 新郎新婦お二人の、前□洋洋たる未来を確信しております。　前途洋洋
- □ 役員たる者、ピンチのときこそ、軽□妄動しないで慎重に対応してほしい。　軽挙妄動
- □ 仕事始めの挨拶で、社長は□口一番、更なる経費の節減を訴えた。　開口一番
- □ 弱肉強食、□勝劣敗といった考え方がまかり通ってはならない。　優勝劣敗
- □ 犯人が警察に自首してきたことにより、事件は急転□下の解決を見た。　急転直下
- □ 彼は留学で磨いた英語力を駆使して、円転□脱に交渉を行った。　円転滑脱
- □ 純情□憐な少女を演じさせたら、彼女の右に出る子役はまずいない。　純情可憐
- □ 自信のなかった志望校の合格通知を見て、生徒は□顔一笑した。　破顔一笑

□ 消費税の導入について、彼は、□頭□尾、反対の方針を貫いた。 徹頭徹尾

□ 急なスピーチでも、**当□即妙**に挨拶をする彼がうらやましい。 当意即妙

□ **□話休題**、国民皆保険の成立過程に話を戻そう。 閑話休題

□ 織田信長は桶狭間で、今川の大軍を前に**□坤一擲**の大勝負に出た。 乾坤一擲

□ 彼女の俳句には、松尾芭蕉の説いた**不□流行**の理念が根底に流れている。 不易流行

□ 日本三大松原の一つ、敦賀の「気比の松原」は**白□青松**の景勝地だ。 白砂青松

□ 彼はおだてるのがうまいが、**巧言□色**を絵に描いたようでもある。 巧言令色

□ 彼は頭の回転は速いが、**薄□弱行**なところが難点だ。 薄志弱行

□ 七十を越えてから、**年年□□**、知人の訃に接するようになった。 年年歳歳

□ 主宰者と団員の溝は埋まらず、劇団はついに**空中□解**することになった。 空中分解

□ 彼はその後、**安心立□**の境地を求めて寺で座禅修行を続けたという。 安心立命

□ 選考会議では、Bさんの作品が最優秀賞ということで、**衆議□決**した。 衆議一決

□ 公園の芝生を**天□爛漫**に走り回る子どもたちの姿が、私をなごませる。 天真爛漫

□ この高校は、**自由闊□**な校風とスポーツが盛んなことで知られている。 自由闊達

□ 連立三党の連携は、**同床異□**に終わらないでほしい。 同床異夢

□ 昭和の名横綱と呼ばれた力士は**古□独歩**の怪力で、技も切れていた。 古今独歩

□ 就職が内定した友人は、**欣喜雀□**して実家に電話で報告していた。 欣喜雀躍

□ 政治家の失言に対し、ネット上では**侃侃□□**の非難が沸き起こった。 侃侃諤諤

□ 交渉の長期化を避けるため、ついに**最後通□**を突きつけることにした。

最後通牒

□ 彼ほどの才能の持ち主が**自□韜晦**し、ひっそりとしているのはなぜだろう。

自己韜晦

□ このサロンには**文人□客**が集まり、当時の文化運動の発信地となっていた。

文人墨客

誤字訂正問題

次の短文中で誤って使われている漢字を正しく直しなさい。

□ 不祥ながら誠心誠意力を尽くす所存です。	不祥→不肖
□ 第二審の高裁判決は、情理にかなった適正なものだと考えている。	情理→条理
□ 国境付近でのこの衝突がもとで、戦渦を交える事態に陥った。	戦渦→戦火
□ 今年は勤続十五年目に当たり、一週間の休暇と褒賞金がもらえる。	褒賞金→報奨金
□ 馬子にも意匠で、成人式で着物を着た妹は別人のように見えた。	意匠→衣装／衣裳
□ 各地に残る伝説や民話を集録し、その異動や共通点を探究したい。	異動→異同
□ 外資による買収劇に、業界の知覚変動を指摘する声も聞かれる。	知覚→地殻
□ 衣料品の場合、法制が行われた国を原産国として表示する。	法制→縫製
□ 幼児のインフルエンザは重傷化すると、気管支炎を併発する恐れがある。	重傷→重症
□ 今や地球上に残された秘教は僅かとなり、人跡未踏の高峰は貴重だ。	秘教→秘境
□ 父は精励と倹約が生活心情だと常々公言している。	心情→信条
□ 夫婦別性については、賛成・反対がほぼ拮抗している。	別性→別姓
□ 人口動体の調査では、肺炎が癌、心疾患に次いで死因の三位だ。	動体→動態
□ 凶器などの物的証拠が発見されず、捜査には親展が見られない。	親展→進展
□ 他社で業務に従事できるという既定により、副業が解禁となった。	既定→規定

□ 災害時多目的船は、ヘリコプターを二機登載できるそうだ。
登載→搭載

□ 食料を人道支援に頼るしかなく、今世紀最悪の傘下だと言われている。
傘下→惨禍

□ 組織への背進行為とも言える行動は、将来に累を及ぼすことだろう。
背進→背信

□ 大臣が審議会に諮問した件が分科会で討議され、投信が出るに至った。
投信→答申

□ 本学部では卒業論文の提出後、内容に関する口頭指紋を実施する。
指紋→試問

□ 彼女は、ある国立大学を主席で卒業し、卒業式では答辞を読んだ。
主席→首席

□ 防災意識を高めるため、住民参加型の実戦的な訓練が実施された。
実戦→実践

□ 容疑者をいったん補足したが、署への移送中に逃げられてしまった。
補足→捕捉

□ 過度の干渉は、子どもの健全な心の成長を疎外する要因となりうる。
疎外→阻害

□ ある目撃者の証言が真相究明の短所となり、事件は一気に解決した。
短所→端緒

□ 首相が衆議院解散という殿下の宝刀をいつ抜くのか。
殿下→伝家

□ 王に一喝されて平服する臣下の中で、彼は敢然と抗弁した。
平服→平伏

□ 上層部は対面を保つことばかりに腐心している。
対面→体面

□ 著作権は当社、または著作権を有する第三者に基属します。
基属→帰属

□ 機器の保守や突然の停止、予期せぬ傷害などの事由により……
傷害→障害

□ 当社は賠償の責任を一済負いません。
一済→一切

□ 当社から情報料債権を譲り受けた通信会社が徴集を行います。
徴集→徴収

□ 紫外線は一年じゅう振り注いでいるものだ。
振り注いで→降り注いで

□ DNAが著しく損症すると、皮膚がんが発症する確率が高くなる。
損症→損傷

□ 遺伝子に変移が生じ、がん細胞が発生する。
変移→変異

□ 紫外線が皮膚に当たるのを斜断する。
斜断→遮断

□ UVカット加工の衣糧品やサングラスを着用している。
衣糧品→衣料品

□ ゲームや携帯電話をいじるばかりで、多者と直接関わる機会が乏しい。
多者→他者

□ 景気がいっこうに好転しないので、極力検約したい。
検約→倹約

□ ワイン工場でできたてを私飲して以来、ワインもたしなむようになった。
私飲→試飲

□ 多くの名所旧跡がある風光銘媚な温泉地。
風光銘媚→風光明媚

□ 自然に沸き出るお湯の量が日本一というのも魅力的。
沸き出る→湧き出る

□ スキーを胆能したら温泉で疲れをとり、酒盛りをしたい。
胆能→堪能

□ 天然の砂蒸し風呂を要する九州最南端の温泉地。
要する→擁する

□ ゆったりとした時間をもちたい人にはお薦めの間静な温泉だ。
間静→閑静

□ 断崖の上に温泉街があり、眼窩に黒部川が流れる。
眼窩→眼下

□ 母は美容士なので、週末は働いている。
美容士→美容師

□ 録画しておいた番組をまとめて見るため部屋に込もりっぱなしだ。
込もり→籠もり

□ 日曜日は、親戚が一同に会して食事をすることになっている。
一同→一堂

□ 「読書百辺意自ずから通ず」の言葉を信じて、全集を読み直す。
読書百辺→読書百遍

□ 自宅で読書することが多いが、珠に区立の図書館を利用する。
珠に→偶に

□ 仕事を家に持ち帰り、土曜日はいつも撤夜になる。　撤夜→徹夜
□ 最近は肩擬りがひどくて行けないが、ゴルフが趣味です。　肩擬り→肩凝り
□ 先生からご教受いただいた試験のポイントを忘れずに勉強に取り組む。　教受→教授
□ メニューが多くて注文を取る時に頭が困乱してしまうことがある。　困乱→混乱
□ 車の衡突事故を目撃して以来、運転することに怖じ気づいている。　衡突事故→衝突事故
□ 大学に入ってから初めての夏休みなので、有意議に過ごしたい。　有意議→有意義
□ 郷俚から弟が遊びに来るので、浅草や六本木などを案内します。　郷俚→郷里
□ 文章を書くとき、できるだけ送り仮名を等一して使うようにしている。　等一→統一
□ 漢字の読み間違いを報導されてしまった国会議員もいる。　報導→報道
□ 蕎麦屋の看板などで変態仮名を見かけると、何と書いてあるのか調べる。　変態仮名→変体仮名
□ 方言を詳細に説明している国語辞典は、活気的なんじゃないかと思う。　活気的→画期的
□ 文学史年表は、作品数が増えればと思うが、文量的に難しいだろう。　文量的→分量的
□ 西暦と元号の対応の間違いを指敵されて以来、対照表で確認している。　指敵→指摘
□ やたらと英語を使いたがる態度は、一種の「海外視向」だろうか。　視向→志向
□ 「ピアニカ」は登録商標で、一般名は「鍵板ハーモニカ」だと教わった。　鍵板→鍵盤
□ 靴底は「ソール」、塊の意味では「ソウル」と、表記を区別する。　塊→魂
□ 彼の発言を聞いていると、浅白な人という印象を持ってしまう。　浅白→浅薄
□ 「スコップ」と「シャベル」の違いは何かと新めて考えてみる。　新めて→改めて

□ 合理的なものや気に入ったものを取り入れる新取の気性がある。
□ 現代文の問題に外来語が頻出するので、大学受検の際に苦労した。
□ 野球には外来語が多いが、それ事体は良いとも悪いとも思わない。
□ 「十階」の十の発音は、基範的には「じゅっ」でなく「じっ」らしい。
□ 略称には、何か法側があるのだろうか。
□ 外来語でも伝来してからの歴史が長いと、非常に慣染み深い。
□ 落語家は講座で「火鉢→しばち」など江戸っ子のように話した。
□ 中学の合唱部で顧門の先生から鼻濁音の出し方を教わった。
□ その発音は、沖縄の料理などが侵透するにつれ、広まった。
□ 奄美郡島で、「鼻」がパナなどハ行の音がpで発音されるのを耳にした。
□ 「二枚目」という言葉は質地回復となるだろうか。
□ 「一箇言（いっかげん）」を「いっかごん」と読んで笑われた。
□ 「今年の中ば」という場合、六月なのか七月あたりを指すのか。
□ 「俺の言うことを聞いておけ」なんて、ずいぶん倣慢な話だ。
□ A社の社長とは万更知らない仲ではない。
□ 小さな工場を経営する父は、いつも資金操りに四苦八苦していた。
□ 「鼎談」は「対談」と比べて漢字も読みも隋分と難解だ。
□ 「彼は二枚舌だから親頼できない」と噂されている。

新取→進取
受検→受験
事体→自体
基範的→規範的
法側→法則
慣染み深い→馴染み深い
講座→高座
顧門→顧問
侵透→浸透
郡島→群島
質地回復→失地回復
一箇言→一家言
中ば→半ば
倣慢→傲慢
万更→満更
資金操り→資金繰り
隋分→随分
親頼→信頼

□ 日本語を知るための一槽の努力が必要だと思った。
一槽→一層

□ 「有休」と「有給」、等の大人たちは混乱しないのだろうか。
等→当

□ 集団にとって異質な存在を無闇に排徐しようとする嫌な言葉だ。
排徐→排除

□ 美容院で、「ストパーかけて」と言うなんて、品囲に欠けている。
品囲→品位

□ 人と話すときは、聞き手本意の表現をしなければと思った。
本意→本位

□ 「メアド」と安意に略さず、「メールアドレス」と言うべきだ。
安意→安易

□ 「イミフ（意味不明）」と言う前に、自らの理解不足を認織すべきだ。
認織→認識

□ よく分からない略語を使う大人たちにも、盲省を促したい。
盲省→猛省

□ 新語よりも相手に通じる不難な言い方が望ましい。
不難→無難

□ 「とりあえず生」は、老若男女が使っているので言っても無太かな。
無太→無駄

□ 友人と供に渓流釣りに出かけることが多い。
供→共

□ 仕事も家事も完壁にこなす母に、休日は一息ついてもらいたい。
完壁→完璧

□ 各地のスタジアムで行われる試合を見るべく「全国安脚」している。
安脚→行脚

□ 我が家のモットーは「勤険貯蓄」なので、極力出費を抑えている。
勤険→勤倹

□ 陶芸教室を開いている釜元で、普段使う器などの作り方を習っている。
釜元→窯元

□ 循還バスを利用して市内のあちこちを回って楽しんでいる。
循還→循環

□ 公園内の清掃や花檀の手入れなどが主な仕事内容だ。
花檀→花壇

□ 日々ゲーム三味だが、もっと生産性のあることをすべきと思う。
三味→三昧

□火曜日は仕事が休みのため、美術館で絵や彫刻を観賞する。
□この小説はすばらしいが、抽象的な文章に陶惑することもある。
□小説というのは、虚構、虚戯に満ちたものだという考えをもっている。
□現代語訳をしたのは古典に造形が深い作家であり、尊敬している。
□太宰治の『お伽草紙』など、人間の滑軽さを描いた作品が好きだ。
□彼が日本を代表する作家であることは集目の一致するところだろう。
□この本を読んだことが、私がたびたび長野を旅する継機となった。
□彼女の文章は、朗読で聞いていて心地よい。沢越した才能だと思う。
□この作家の時代小説は、残酷、蔭惨な内容が多い。
□結婚被露宴で準備や配膳をする仕事をしている。
□曽祖母が始めた三味線教室を接ぐ責務が私にはある。
□意味が刻似していて紛らわしい英単語を覚えるのに苦労した。
□経済学部に所属しているので金融業会で働きたい。
□必ずや中央官庁に就職し、出世街道を舞進してみせる。
□図書館司書になるために必要な授業を理修している。
□ライターだった祖父のように明析な文章が書けるようになりたい。
□いつか勤め先で乾部になるのが夢だ。
□野菜ソムリエの資格を取るための育成コースを授講する予定だ。

観賞→鑑賞
陶惑→当惑
虚戯→虚偽
造形→造詣
滑軽→滑稽
集目→衆目
継機→契機
沢越→卓越
蔭惨→陰惨
被露宴→披露宴
接ぐ→継ぐ
刻似→酷似
金融業会→金融業界
舞進→邁進
理修→履修
明析→明晰
乾部→幹部
授講→受講

□ スペイン語は、日本人にとって収得しやすいと聞いた。

□ 論理学の講座で合利的な考え方の基礎を学びたい。

□ 週末、農家の親戚の田んぼで稲作を実値に学んでみようと思う。

□ 行政書師の資格を取りたくて、そのための勉強を始めた。

□ 百メートル競争で速く走れるように、走り方をちゃんと教わりたい。

□ 主役に指名され、力不足だと部長に徹回をお願いしたが認められなかった。

□ 文章を書くのが得意なので、記者として思う存分に腕を篩ってみたい。

収得→習得

合利的→合理的

実値→実地

行政書師→行政書士

競争→競走

徹回→撤回

篩って→振るって／揮って

穴埋め問題(1)

次の短文中の（　　）に当てはまる語句を選んで、番号で答えなさい。

□【手紙の結びで】
益々のご健勝と、いっそうのご活躍を（　　）いたしております。
［1　想念　2　存念　3　祈念］
3

□【祝賀会に出席してもらった人へのお礼状で】
この度は、小社の創立百周年記念祝賀会にご（　　）賜り、誠にありがとうございます。
［1　来迎　2　来駕　3　来訪］
2

□【論文集の後書きに】
読者（　　）のご批判を仰ぐ次第であります。
［1　諸子　2　諸君　3　諸賢］
3

□【卒業式での卒業生代表の挨拶で】
先生がたには、これまで格別のご（　　）を賜り、誠にありがとうございました。
［1　教護　2　教導　3　教学］
2

□【結婚披露宴で】
これより、ご（　　）の皆様から、ご祝辞を賜りたいと存じます。
［1　来任　2　来賓　3　来賀］
2

□【年賀状の末尾に】
本年も変わらぬご（　　）のほど、お願いいいたします。
［1　厚誼　2　厚遇　3　厚謝］
1

□【留学先から、日本にいる知人に贈り物をする際の添え状に】
こちらの名産品をいくつかお送りしますので、ご（　　）ください。
［1　笑納　2　奉納　3　拝納］
1

□【落選した議員が支援者への手紙で】
今回の結果を招いたのは、まさに私の（　　）のいたすところでございます。
［1　不徳　2　不実　3　不評］
1

□【イベントの主催者が、運営に協力してくれた人たちに】
関係者（　　）におかれましては、これまでご努力いただき感謝の念に堪えません。
［1　各位　2　各位様　3　各位殿］
1

□【友人の父親が入院したと聞いて】
お父様が交通事故で入院されたとのこと、さぞかし（　　）のことと存じます。
［1　ご心痛　2　ご哀惜　3　ご不遇］
1

□【友人の息子が結婚すると聞き、その友人への手紙で】
ご子息がご結婚とのこと、（　　）の至りに存じます。
［1　ご表慶　2　ご同慶　3　ご祝慶］
2

□【得意先へ夏季休業日を告知して】
八月九日から十五日まで休業とさせていただきます。恐縮ですがご（　　）賜りたくお願い申し上げます。
［1　高見　2　高承　3　高誼］
2

□【フランス文学の学会で講演者が】
これで終わります。ご（　　）ありがとうございました。
［1　謹聴　2　傾聴　3　清聴］
3

□【商品アンケートのお願い文の中で】
アンケートにお答えくださった方には、粗品を（　　）します。
［1　啓上　2　呈上　3　献上］
2

□【恩師への季節の便りの中で】
厳寒の候、ますますご（　　）のことと存じます。
［1　勇健　2　勇猛　3　勇躍］
1

□【海外留学に際して見送りに来てくれた知人に、手紙で】
わざわざ空港まで来てくださったご厚意に（　　）します。
［1　報謝　2　拝謝　3　陳謝］
2

□【懸案の事項が解決したことを知らせる手紙の中で】
……無事に決着いたしました。何かとお煩わせいたしましたが、ご（　　）ください。
［1　放念　2　失念　3　放逸］
1

□【もらった手紙への返信で】
このたびは、誠にご（　　　）なお手紙を頂戴し、大変ありがとうございました。
［1　重篤　2　篤志　3　懇篤］
3

□【故人の長男が葬儀で参列者に挨拶して】
故人は、よき先輩や（　　　）に囲まれて、幸せな人生を送ることができました。
［1　益友　2　畏友　3　知友］
3

□【出産祝いをくれた親類への礼状の最後に】
とり急ぎ御礼のみにて失礼いたします。（　　　）
［1　不知　2　不文　3　不尽］
3

□【翻訳家が雑誌の取材にこたえて】
大学では、佐々木先生の（　　　）に接して、文学研究の魅力を知ることができました。
［1　尊影　2　謦咳　3　師事］
2

□【上役の全快を祝う手紙で】
ご病気が本復したとのお話を伺い、まことに（　　　）に存じます。
［1　欣快　2　痛快　3　爽快］
1

□【旅館の客室案内で】
どの部屋からも、四季（　　　）の伊豆高原の景色をご覧になることができます。
［1　折節　2　折句　3　折柄］
1

□【知人から長女はいくつになったのかと尋ねられて】
おかげさまで、（　　）も今年で二十歳になりました。
［1 娘　2 長姉　3 息女］
1

□【仕事上のつきあいがある相手への挨拶状の末尾で】
今後とも（　　）のお引き立てのほど、なにとぞお願い申し上げます。
［1 倍旧　2 旧情　3 倍加］
1

□【落とした財布を交番に届けてくれた人への礼状の末尾で】
お礼のしるしとして、（　　）をお送りいたしますので、ご笑納ください。
［1 粗餐　2 粗肴　3 粗菓］
3

□【PTA会長の任を終える挨拶で】
皆様のご協力により、（　　）なく務めを全うできたことに感謝申し上げます。
［1 大過　2 大難　3 大患］
1

□【十月に出す転居を知らせる手紙の前文で】
拝啓　（　　）の候、皆様にはますますご健勝のこととお喜び申し上げます。
［1 残夏　2 秋冷　3 小春］
2

□【叔父からその近況を聞いた叔母に、メールで】
ご病気全快の（　　）、家族一同、安心いたしました。
［1 由　2 みぎり　3 向き］
1

□【課長に昇進したことを、仕事上のつきあいがある他社の知人に報告して】
今後ともご指導ご（　　）を賜りますよう、お願い申し上げます。
［1 加護 2 愛顧 3 鞭撻］
3

□【お悔やみの手紙をもらったことへの礼状の中で】
父の（　　）中はひとかたならぬお世話になりました。
［1 在俗 2 存命 3 生前］
2

□【評判は耳にしていたが、会うのは初めてである同業他社の相手に挨拶して】
石野さんの御（　　）はかねがね承っておりました。
［1 貴名 2 高名 3 雅名］
2

□【家に来た客に茶を出すとき】
（　　）ですが、どうぞ。
［1 薄茶 2 粗茶 3 渋茶］
2

□【二月十日ごろ、知人に出す近況報告の中で】
暦の上では春とはいえ、余寒厳しい（　　）、皆様いかがお過ごしでしょうか。
［1 身から 2 折から 3 冬から］
2

□【取引先の申し出を断るメールで】
事情（　　）のうえ、あしからずご容赦くださいますようお願い申し上げます。
［1 ご恐察 2 ご賢察 3 ご拝察］
2

□【仕事の斡旋をしてくれた人へのお礼の手紙で】
このたびはご（　　）を賜り、誠にありがとうございました。
［1 顧慮　2 宥恕　3 高配］
3

□【上役への手紙の中で、自らの意見を丁重に記して】
（　　）を述べるならば、地域経済の活性化に役立つ点を重視し、A案でなくB案を採用すべきかと存じます。
［1 拙説　2 愚説　3 下説］
2

□【遠方の親類に自分の父親の死去を伝える文面で】
父次郎は、平成二十八年九月十二日に（　　）いたしました。
［1 永訣　2 永眠　3 永別］
2

□【雑誌に掲載された、専門書の書評文の結びに】
筆者の（　　）ゆえ、本書で提起された新たな説について深く考察できなかったことをお詫びしたい。
［1 晩学　2 後学　3 浅学］
3

□【近所の電器店から送られてきた案内に】
エアコンの修理から電球の交換まで、お気軽にご（　　）ください。
［1 拝命　2 用命　3 内命］
2

□【研究機関の年報の編集後記で】
本誌の充実に向け、忌憚のないご意見・ご（　　）を賜れば幸いである。
［1 叱正　2 叱声　3 叱責］
1

□【父親を亡くした友人への手紙で】
お父様のご（　　）を心よりお祈りいたします。
［1 追福　2 慶福　3 冥福］
3

□【顧客に臨時休業を伝える手紙で】
……何卒御理解を賜りますよう、お願い申し上げます。まずは（　　）をもってお知らせまで。
［1 書中　2 書式　3 書信］
1

□【同窓会を欠席する旨を恩師に伝える手紙で】
どうしてもはずせない所用ができまして、（　　）の次第、悪しからずお許しください。
［1 不参　2 不承　3 不覚］
1

□【年上の友人への手紙で】
ご息女が第一志望の高校に合格されたとのこと、（　　）に存じます。
［1 鄭重　2 敬重　3 重畳］
3

□【長年音沙汰がなかった友人からの手紙への返信で】
久しぶりのお手紙を（　　）いたし、うれしく存じました。
［1 入手　2 拝手　3 落手］
3

□【入金を確認したことを顧客に通知する文書の中で】
領収書を同封しますので、ご（　　）ください。
［1 所収　2 査収　3 接収］
2

□【贈り物をしてくれた知人への礼状の中で】
貴重な品をご（　　）くださり、誠にありがとうございます。
［1　恵送　2　配送　3　拝送］
1

□【何かと相談に乗ってくれる、大学時代の先輩へのメールで】
来週退職願を出すかどうか迷っています。つきましては、後藤（　　）のご高見を頂戴したいと存じます。
［1　貴君　2　大兄　3　貴兄］
2

□【見合いをすすめてくれた会社の上役への断りの手紙で】
ご（　　）は感謝に堪えませんが、今はまだ結婚は考えられないので、お見合いはお断りさせていただきます。
［1　懇情　2　懇請　3　懇意］
1

□【知人からの依頼を断る手紙で】
以上のような事情で（　　）に沿うことができず申し訳なく存じます。
［1　貴見　2　貴意　3　貴説］
2

□【宴席に招かれた上役に同行した自分が、翌日その上役にメールで】
昨夜はご（　　）にあずかりまして、ありがとうございました。
［1　相伴　2　随伴　3　同伴］
1

□【旧友からの手紙への返信で】
本日、（　　）を拝受しました。お元気そうで何よりに存じます。
［1　親展　2　奉書　3　貴簡］
3

□【息子に進学祝いをくれた親類への礼状の最後に】
まずは御礼のみにて失礼いたします。（　　）
［1　不一　2　不知　3　不日］
1

□【父親を亡くした知人への弔電で】
ご尊父様ご逝去の報に接し、（　　）より哀悼の意を表します。
［1　虚心　2　衷心　3　赤心］
2

□【事故の原因を聞いて】
ゲームをしていて交通事故を起こすとは、沙汰の（　　）だ。
［1　余り　2　限り　3　焦り］
2

□【旅館のフロント係が、客に宿帳への記入を求めて】
こちらに（　　）とご住所をお書きになってください。
［1　お名前　2　お名前様　3　お名前方］
1

穴埋め問題(2)

次の短文中の□に当てはまる漢字を書きなさい。

□【上役に企画書の説明をしに来るように電話で言われて】
かしこまりました。これからご説明に□がります。
＊「行く」ことを「参る」以外の敬語を使って言う。
上

□【目上の知人に】
とてもすてきなお□し物ですね。
＊相手が着ている着物について言う。
召

□【新聞記事の中で】
この九月に□去した映画監督の遺作が上映されている。
＊「死んだ」ということを丁重に言う。
逝

□【同窓会で会った、高校時代の恩師に】
すでにお聞き□びかもしれませんが、来月結婚することになりました。
＊相手がすでに聞いて知っているということを、敬語を使って言う。
及

□【個展を見にきてくれた恩師に画家が】
たいしたものはございませんが、ご□覧いただければ幸いです。
＊自分の作品を謙遜する言い方で。
笑

□【父親を亡くした友人に、葬儀の場で】
このたびは、突然のことで、さぞお□落としのこととお察しいたします。

□【会議の司会者が、出席者に遠慮のない意見を求めて】
どうぞ□憚なく、ご意見をおっしゃってください。

□【学生時代の先輩への手紙で】
貴兄におかれましては、お変わりなくご健勝のことと拝□いたします。

□【園遊会で天皇から声をかけられた人がテレビ局のインタビューに答えて】
お言葉を□った陛下に、深く感謝いたします。

力

忌

察

賜

カタカナ語問題

一〜五の――部分の言葉と、ほぼ同じ意味を持つ言葉を選んで、番号で答えなさい。

□一　今日未明、日本海上空を飛行する国籍不明機に対して、自衛隊の戦闘機がスクランブルをかけた。

□二　海外に出かける際には、国によってはパスポートに加えてビザも必要になる。

□三　A社との販売契約書のドラフトを確認しておくよう、課長に言われた。

□四　この英語の教科書には、その課の内容のサマリーを記したものが掲載されている。

□五　同氏は安保法制の整備に関して、政府には国民のコンセンサスを得るための更なる努力が必要だと語った。

1　賛成　2　査証　3　下書き　4　要旨　5　旅券
6　合意　7　意味　8　見本　9　緊急発進　10　威嚇攻撃

解答　一…9　二…2　三…3　四…4　五…6

一～五の――部分の言葉と、ほぼ同じ意味を持つ言葉を選んで、番号で答えなさい。

□一　国土交通省は、断熱材に使われているアスベストの実態を調べるワーキンググループを発足させた。

□二　日ごろから社員一人ひとりにコンプライアンスを徹底させていれば、今度のような不祥事は起きなかったはずだ。

□三　クライアントの行動を分析し、彼らが何を望んでいるのかを知ることが、ヒット商品を生み出すために重要だ。

□四　議長国である日本のイニシアチブのもと、サミットで環境問題を人類の共通課題とする「東京宣言」が採択された。

□五　南シナ海は、わが国にとって原油や天然ガス輸送のための重要なシーレーンである。

1 海上交通路　2 法令遵守　3 主導　4 企画部会　5 顧客

6 作業部会　7 顧問　8 自由航路　9 司会　10 法令審査

解答　一…6　二…2　三…5　四…3　五…1

一～五の――部分の言葉と、ほぼ同じ意味を持つ言葉を選んで、番号で答えなさい。

□一　母の日に、母の姓名のイニシャルが入ったハンカチをプレゼントした。

□二　パリもいいが、リゾートとして名高いニースも旅行先に加えてくれないか。

□三　普段はレプリカが展示されているが、特別公開の期間中はオリジナルの絵を見ることができる。

□四　今年に入って、多くのアナリストが世界同時株安のおこる可能性を指摘している。

□五　若者達が大企業への就職を望む一方で、中小企業は慢性的に人手不足という、雇用のミスマッチはなかなか解消しない。

1　保養地　2　分析家　3　頭文字　4　複製品　5　戦略家

6　無策　7　温泉地　8　代替品　9　不適合　10　縫い込み

解答　一…3　二…1　三…4　四…2　五…9

一〜五の――部分の言葉と、ほぼ同じ意味を持つ言葉を選んで、番号で答えなさい。

□一　大災害が起きた場合、住民の生活を安定させるため、インフラを復旧させることを第一義に考えるべきであろう。

□二　厚生労働省は、中学・高校における感染症対策のガイドラインを策定した。

□三　日々のニュースをきちんと理解すべく、新聞記事のスクラップをはじめた。

□四　汚職追放をスローガンに掲げていた新人候補が、現職の市長を破って当選した。

□五　当社では酸性雨の原因物質の削減を進めるとともに、酸性雨や森林のモニタリングを行っている。

1　目的　2　標本調査　3　基本方針　4　書き抜き　5　社会基盤

6　標語　7　継続的な監視　8　切り抜き　9　概要　10　公共施設

解答　一…5　二…3　三…8　四…6　五…7

一〜五の――部分の言葉と、ほぼ同じ意味を持つ言葉を選んで、番号で答えなさい。

□一　エジソンはいったいどんなインスピレーションを得て、蓄音機を発明したのだろうか。

□二　このところ、バーチャルリアリティーを体験できることをうたった施設が増えている。

□三　この手術ロボットの登場は、外科手術の分野でのイノベーションを象徴する出来事だと思う。

□四　最近は、クリスマスのイルミネーションにLED電球がよく使われている。

□五　私の役者人生のターニングポイントになったのは、ある大物女優と舞台で共演したことだ。

1　技術革新　2　頂点　3　刺激　4　仮想現実　5　仮想記憶

6　技術移転　7　電光　8　転換点　9　電飾　10　閃き

解答　一…10　二…4　三…1　四…9　五…8

一〜五の――部分の言葉と、ほぼ同じ意味を持つ言葉を選んで、番号で答えなさい。

□一　今回の機構改編にあたっては、新規事業を展開するためのフレームワーク作りに重点を置いた。
□二　カナダで開催されていた主要七か国首脳会議は、昨日共同コミュニケを採択し閉幕した。
□三　この法案が成立した場合、市民生活にどのような影響があるのか、ケーススタディを行うそうだ。
□四　多くの自治体が、街づくりのための実現可能なマスタープランをつくるようになった。
□五　コーポレート・ガバナンスは、企業の不正行為を防止し、長期的に企業価値を増大するために必要な仕組みだといえる。

1　企業統治　2　枠組み　3　公式声明　4　基礎研究　5　事例研究
6　組織　7　都市計画　8　政策提案　9　企業経営　10　基本計画

解答　一…2　二…3　三…5　四…10　五…1

一～五の——部分の言葉と、ほぼ同じ意味を持つ言葉を選んで、番号で答えなさい。

□一　クライアントの話を聞いて、彼らが望んでいることを的確につかむのが、我々の仕事の第一歩だ。

□二　日本で初めて十五歳未満のドナーによる脳死肝移植が行われ、六十代の患者に移植された。

□三　私たちがホテルに宿泊して、アメニティーを最も求める場所は、浴室とトイレかもしれない。

□四　両国の衝突をソフトランディングさせるには、もはや首脳どうしの直接会談しかない。

□五　家事は女性がするものというのは、何十年も前のステレオタイプな考え方だ。

1　緊急着陸　2　利便性　3　依頼人　4　紋切り型　5　旧式

6　快適さ　7　臓器提供者　8　請負人　9　軟着陸　10　移植患者

解答

一…3　二…7　三…6　四…9　五…4

一〜五の――部分の言葉と、ほぼ同じ意味を持つ言葉を選んで、番号で答えなさい。

□一 この大手銀行の倒産は、その後数年にわたって続く世界的大不況のプロローグに過ぎなかった。

□二 この作家は、時代物からＳＦまで、さまざまなジャンルで傑作を残している。

□三 地球環境のためには、経済成長重視の社会から持続可能性重視の社会へとシフトする必要がある。

□四 この事件は、すでに多くのメディアで取り上げられたので、知らない人はまずいないだろう。

□五 人々の生活を豊かにするはずのＡＩの発達が、失業者を増やし、新たな貧困を生むということになるとすれば、それは一種のパラドックスと言えるかもしれない。

1 序章　2 齟齬　3 改革　4 前奏曲　5 移行
6 逆説　7 分野　8 報道　9 出版物　10 媒体

解答 一…1　二…7　三…5　四…10　五…6

類義語問題

【　】の中の言葉に対して、意味の最も類似した語を選んで、番号で答えなさい。

□【割愛】〔1 簡略　2 略儀　3 略式　4 省略〕　4

□【没収】〔1 収監　2 収容　3 収斂　4 収用〕　4

□【切願】〔1 祈願　2 誓願　3 懇願　4 悲願〕　3

□【徘徊】〔1 彷徨　2 闊歩　3 迷走　4 流離〕　1

□【晩熟】〔1 晩節　2 晩生　3 晩発　4 晩成〕　2

□【潤沢】〔1 富裕　2 余裕　3 豊富　4 豪華〕　3

□【夭折】〔1 非命　2 頓死　3 瞑目　4 早世〕　4

□【血統】〔1 血族　2 血色　3 血路　4 血脈〕　4

□【短評】〔1 概評　2 寸評　3 細評　4 選評〕　2

□【不偏】〔1 中立　2 一般　3 平等　4 穏健〕　1

□【貪婪】〔1 吝嗇　2 多欲　3 残虐　4 厚顔〕　2

□【畢生】〔1 半生　2 晩節　3 結局　4 終生〕　4

次の短文中の太字部分の言葉に対して、意味の最も類似した語を選んで、番号で答えなさい。

□ この新人作家の作品を文壇の大御所が**賞賛**している。
［1 刮目　2 称揚　3 注視　4 好評］
2

□ 幕末を舞台にした**架空**の物語を書かせたら、彼の右に出る作家はいない。
［1 虚構　2 妄想　3 幻想　4 創作］
1

□ 当社は、藤原氏の**末裔**である○○氏によって、一八二四年に造営された。
［1 後身　2 後継　3 子孫　4 姻戚］
3

□ 彼とうちの社長は二十年来**昵懇**にしている。
［1 懇篤　2 懇情　3 懇懇　4 懇意］
4

□ 我が家の**系図**をたどってみたところ、私と同じ名前の人がいることに気がついた。
［1 系譜　2 系統　3 直系　4 同系］
1

□ 会社の**朋輩**の悪い噂を耳にして以来、彼と距離を置くようになってしまった。
［1 下役　2 上役　3 先輩　4 同僚］
4

□ 時代に左右されない**不易**の真理を学ぶために、哲学科を選んだ。
［1 不死　2 不抜　3 不変　4 不動］
3

□ この問題については、昨年度の学会誌に掲載された**拙文**を参照いただきたい。
［1 拙筆　2 拙紙　3 拙策　4 拙論］
4

□ 若手有望議員が選挙応援で全国を**行脚**し、行く先々で熱狂的な歓迎を受けたそうだ。

［1 遊覧　2 遊歴　3 遊歩　4 遊弋］　2

□ 部員全員が**円座**になって、明日の試合について話し合った。

［1 満座　2 横座　3 車座　4 正座］　3

□ 関ヶ原の戦いでは、西軍の少なからぬ武将が東軍に**内通**していたようだ。

［1 内応　2 内情　3 内示　4 内省］　1

□ 式の日取りまで決めていた娘の縁談だったが、相手側の一方的な都合で**破談**となった。

［1 破鏡　2 破顔　3 破約　4 破産］　3

□ 長年続いた両国の領土問題にも、ようやく解決の**光明**が見えてきた。

［1 春光　2 曙光　3 陽光　4 円光］　2

□ 先日の演説で、彼が**狭量**な排外主義の持ち主であることが明らかになった。

［1 偏狭　2 偏屈　3 偏頗　4 偏向］　1

□ 真田昌幸は、本能寺の変の混乱に乗じ、かつて支配していた沼田城を**奪還**した。

［1 奪回　2 奪取　3 簒奪　4 強奪］　1

□ 弟は、本や教科書で学んだことは、何でも**実際**に確かめてみないと気が済まない性分だ。

［1 実検　2 実見　3 実地　4 実態］　3

□ ほぼ同時刻、同じ場所にいたのに、二人の証言が**合致**しないのはなぜだろう。

［1 合同　2 一貫　3 統一　4 符合］　4

□ 党首は新人議員を前に、国民の声の代弁者として**矜持**を持って、大きく羽ばたいてほしいと挨拶した。
［1　自負　2　自賛　3　自重　4　自責］
1

□ 彼女は**離婚**に至るまでの十年間、わがまま放題の夫によく尽くした。
［1　留別　2　破局　3　別離　4　破鏡］
4

□ 書いたのは大学生なのに、レポートの内容があまりに**稚拙**なので驚かされる。
［1　未熟　2　遅筆　3　浅薄　4　鈍物］
1

□ 彼は、特に信頼を置く数人の同僚にのみ**心底**を明かした。
［1　気心　2　本心　3　真心　4　核心］
2

□ 明日の株主総会で、現社長の**進退**が明らかになるはずだ。
［1　配転　2　異動　3　更迭　4　去就］
4

□ おそらく彼は自らの将来について考えぬいた結果、**家郷**を出る決心をしたのだろう。
［1　郷里　2　近郷　3　家宅　4　実家］
1

□ 警部は、解決した事件についての**寸感**を手帳に書き留めることを常としているそうだ。
［1　私感　2　所感　3　直感　4　小感］
4

□ 二日間行方不明だった少女は、暗がりのなかから**唐突**に現れ、捜索隊員を驚かせた。
［1　偶然　2　俊敏　3　不意　4　大仰］
3

□ 外国語を習得するには、日ごろから**能動的**に外国人と話をすることが肝要だ。
［1　開放的　2　意識的　3　積極的　4　横断的］
3

□ 主宰する劇団の旗揚げ公演での彼女の演技は、多くの評論家から**激賞**された。
［1　絶賛　2　超然　3　幸甚　4　栄誉］
1

□ 叔父は事業に失敗し、多額の負債を抱えたまま**出奔**した。
［1　家出　2　離郷　3　放擲　4　逐電］
4

□ 取引相手のあまりに**不躾**な申し出を聞いて、思わずかっとなったが、今後のことも考えて自制した。
［1　無茶　2　無礼　3　無粋　4　無理］
2

□ 若い頃は放埒な生活をしていた彼も、結婚を機に**改心**して、今では地道に暮らしているようだ。
［1　改易　2　改鋳　3　改竄　4　改悛］
4

□ 平等な社会を目指して樹立されたはずの革命政権だが、理想と現実との**懸隔**はいかんともしがたいようだ。
［1　離反　2　離間　3　隔離　4　乖離］
4

□ 大学院では、その道の**権威**である久保田先生にご指導いただきました。
［1　要人　2　開拓者　3　先駆者　4　碩学］
4

対義語問題

【　】の中の言葉に対して、対照的な意味を表す語を選んで、番号で答えなさい。

- □【高遠】［1 還俗　2 卑俗　3 世俗　4 脱俗］　2
- □【無礼】［1 敬意　2 有徳　3 慇懃　4 礼儀］　3
- □【貧賤】［1 富豪　2 富貴　3 巨富　4 富力］　2
- □【疑似】［1 真相　2 真正　3 真実　4 真理］　2
- □【昂然】［1 悠然　2 超然　3 悄然　4 漠然］　3
- □【淡水】［1 真水　2 汽水　3 鹹水　4 地水］　3
- □【佞臣】［1 家臣　2 奸臣　3 諫臣　4 朝臣］　3
- □【持戒】［1 禁戒　2 破戒　3 受戒　4 規戒］　2
- □【俯角】［1 鈍角　2 鋭角　3 頭角　4 仰角］　4
- □【細目】［1 序文　2 主題　3 大綱　4 概況］　3
- □【堅調】［1 失調　2 軟調　3 快調　4 不調］　2
- □【抄訳】［1 誤訳　2 新訳　3 意訳　4 全訳］　4

次の短文中の太字部分の言葉に対して、（　　）にあてはまる対照的な意味を表す語を選んで、番号で答えなさい。

□ 電車の中で朝刊を**一読**したが、気になる記事があったので会社に着いてから（　　）した。
［1　熟慮　2　熟覧　3　熟知　4　熟談］　2

□ 野球の捕手は動きが**鈍重**だと思っている人がいるようだが、実際は（　　）な選手も少なくない。
［1　鋭敏　2　流麗　3　利発　4　機敏］　4

□ 職場ではいつも**寡黙**な彼が、飲み会となると途端に（　　）になるから不思議だ。
［1　喧伝　2　世辞　3　饒舌　4　雄弁］　3

□ 反政府組織に身柄を（　　）された政府要人は、治安部隊の活躍で無事**解放**された。
［1　拘束　2　収監　3　収容　4　拘泥］　1

□ **懲戒**処分となった巡査部長は過去に何度も（　　）されており、周りからの信頼も厚かったという。
［1　顕彰　2　褒賞　3　表彰　4　賞賛］　3

□ その国は先の大戦で、**前線**の兵士から（　　）の女性や子どもまで、全国民が戦争に巻き込まれた。
［1　銃後　2　人後　3　後背　4　後尾］　1

□ 稲穂が揺れる**肥沃**な土地の眺めが一変し、心細くなるような（　　）の地がしばらくの間続く。
［1　不作　2　荒蕪　3　無辺　4　未踏］　2

☐ 学生のころはどちらかといえば（　　）だった彼に十年振りに会ったら、別人のように**能弁**になっていた。
［1 思弁　2 詭弁　3 訥弁　4 駄弁］
3

☐ （　　）を歴任し社長候補とも噂された取締役が、些細なミスがもとで**閑職**に追いやられた。
［1 栄職　2 有職　3 要職　4 役職］
3

☐ （　　）に改革をすすめようとする勢力と、あくまで**急進的**な路線を歩もうとする勢力とが拮抗している。
［1 消極的　2 微温的　3 平和的　4 漸進的］
4

☐ 年初来株価は**高騰**を続けてきたが、このところの円高の影響か、（　　）傾向にある。
［1 低減　2 低落　3 低下　4 低迷］
2

☐ **野暮ったい**服装をしていた彼が、アパレル業界で働くようになって、（　　）服を着こなす男に変貌した。
［1 堅実な　2 瀟洒な　3 軽快な　4 流暢な］
2

☐ 明け方は海が**時化**ていて船が出せなかったが、昼になってようやく（　　）きた。
［1 凪いで　2 澄んで　3 澱んで　4 止んで］
1

☐ **妥結**と思われた交渉は、賃上げ幅について労使の主張の差が埋まらず、結局（　　）に終わった。
［1 保留　2 繰り延べ　3 無沙汰　4 物別れ］
4

☐ 初の甲子園出場に**歓声を上げる**A高校に対し、土壇場で逆転を許したB高校の応援団は（　　）ていた。
［1 嘆息を洩らし　2 悲痛を洩らし　3 苦悩を洩らし　4 憤慨を洩らし］
1

□ 祖父は昭和三年**この世**に生を受けましたが、長年にわたる闘病の末、先日（　　）の客となりました。
［1 尊下　2 泉下　3 眼下　4 樹下］
2

□ 戦国大名の中には、朝廷に多額の金銭を**献上**し、官位を（　　）された者も少なくない。
［1 下賜　2 授与　3 宣下　4 賦与］
1

□ 新劇場は、四月一日に**起工**、翌年の三月十日に（　　）と決まった。
［1 施工　2 着工　3 竣工　4 加工］
3

□ 彼女は事故の原因を（　　）しようとしたが、現場近くに設置された防犯カメラによって事実が**露見**した。
［1 偽装　2 秘蔵　3 隠蔽　4 醜聞］
3

□ 中国大陸に（　　）し、終戦後「シベリア抑留」にあって**帰還**した日本兵は、五十万人以上にのぼる。
［1 出征　2 来征　3 親征　4 旅征］
1

□ 両者の話し合いに**進展**はみられず、（　　）した状態のまま年を越すことになった。
［1 延滞　2 滞積　3 停留　4 停頓］
4

□ 転勤する今井さんが、**送別**会の冒頭で出席者に（　　）の挨拶を述べた。
［1 一別　2 留別　3 離別　4 惜別］
2

□ わずかな時間で彼の才能を見抜くなんて、さすがにコーチは（　　）だ。我々のような**凡眼**とは違うね。
［1 刮目　2 複眼　3 慧眼　4 眼福］
3

□ 当時、この国の政府は出版活動を**奨励**する一方で、一部の文芸運動を（　　）した。
［1 廃止　2 断絶　3 禁圧　4 禁書］
3

□ こうした習慣は若者に（　　）なものであり、日本の学生にのみ**特有**なものとはいえない。
［1　共有　2　通有　3　享有　4　現有］
2

□ その宴席をきっかけに、これまで（　　）しあっていた二人が、**親睦**を深めるようになったそうだ。
［1　反目　2　反駁　3　対抗　4　対峙］
1

□ 台風による農作物の被害が**甚大**になることが懸念されたが、実際には（　　）で済んで胸をなでおろした。
［1　僅少　2　極少　3　軽微　4　些細］
3

□ 後天的に獲得した形質は遺伝しないという**定説**に対して、近年は（　　）を唱える研究者も少なくない。
［1　異説　2　虚説　3　自説　4　巷説］
1

□ 「書籍」は文字等を印刷し製本したものを広く（　　）する言葉だが、「雑誌」を**除外**する向きもある。
［1　含蓄　2　備蓄　3　包含　4　包容］
3

1級

一問一答

読み問題

次の短文中の太字部分の読みを書きなさい。

□ この寺の廊下は歩くと板が**軋**む。	きし
□ 鏡の前で**衣紋**を繕ってから式場に臨む。	えもん
□ 被災地の状況を首相自ら**具**に視察する。	つぶさ
□ 事故の処理については**仍て件**の如し。	よってくだん
□ 草むらで何かが**蠢**いている。	うごめ
□ 土俵に上がった両力士が向かい合って**蹲踞**の姿勢をとる。	そんきょ
□ アルバイトでどうにか日々の**糧**を得ている。	かて
□ 羹に懲りて**膾**を吹くとはこのことだ。	なます
□ かの武将は天下を**睥睨**しつつも、業半ばにして倒れた。	へいげい
□ あの作家の文章は**陰翳**に富んでいて読み応えがある。	いんえい
□ あのような道義に**悖**る行為は絶対に許せない。	もと
□ 大手格付け会社の予測は**悉**く外れた。	ことごと
□ 妻の意外な言葉に、一瞬私は**怯**んでしまった。	ひる
□ 大雪に降られ、**剰**え車が故障し、今度の旅行はさんざんであった。	あまつさ／あまっさ

□ **暫**く歩いていくと滝の音が聞こえてきた。	しばら
□ 古井戸の底はあくまで**冥**く、地獄に通じているかのようだ。	くら
□ 暗闇の先に、**仄**白い光が見えてほっとした。	ほの
□ いっしょに暮らして半年たつが、この子はなかなか**懐**いてくれない。	なつ
□ 風**薫**る五月、サイクリングにはもってこいの季節だ。	かお
□ 敵襲か、突然闇夜に**閃光**が走った。	せんこう
□ どんな場合にも、事実を**歪曲**した報道は許されない。	わいきょく
□ 誰に**誹謗**されようと、私は自分のやり方を変えるつもりはない。	ひぼう
□ 先行車の**轍**を頼りに車は砂漠を進んでいく。	わだち
□ 記者の質問は核心を**衝**いていたので、私は当惑を隠せなかった。	つ
□ 社長の**偏頗**な扱いに我慢ができず、昨日辞表を出した。	へんぱ／へんば
□ 骨肉相**食**む一族の争いも、世代交代が進んでようやく終息したようだ。	は
□ 情に**絆**されてあの時彼を許してやったのが、今思えば間違いだった。	ほだ
□ わたしを見る彼女の表情には**侮蔑**の色が浮かんでいた。	ぶべつ
□ このあたり一帯は、三県に**跨**る国立公園に指定されています。	またが
□ 妻が**澱**みなく昨日の出来事を語るので、かえって私の疑念は強くなった。	よど
□ 国際オリンピック委員会は、議論の末にメダルを**剥奪**することを決めた。	はくだつ
□ 昔の**誼**で、何とか金を融通してもらえないでしょうか。	よしみ

□ 彼は、当時、このあたりでは名の知れた**博徒**だったという。　ばくと

□ 重症の息子の容態が気がかりで、今朝から何も**咽**を通らない。　のど

□ 赤字決算について、部外者のあなたに**詰**られる筋合いはない。　なじ

□ 驚いたことに、二年前に家を出た妻が、**剃髪**した姿で私の前に現れた。　ていはつ

□ **尾籠**な話で恐縮ですが、この三、四日、便秘気味で困っています。　びろう

□ 突然、つり橋の向こうの**叢**から一匹の虎が現れ、うなり声を上げた。　くさむら

□ 当地では、この魚を**燻製**にしたものがよく食されています。　くんせい

□ 久しぶりに家族で外食をしたが、**懐**具合が気になって仕方なかった。　ふところ

□ 私のこの提案について、皆様の**忌憚**のないご意見をうかがえればと存じます。　きたん

□ このところ一人では起き**伏**しもままならない状態で、自分でも歯がゆいのです。　ふ

□ いつもはおとなしい彼がきょうだいに反論したのには、**些**か驚いた。　いささ

□ 二歳のこの子には、**拗音**を適切に発声するのはまだ難しいようだ。　ようおん

□ 彼のあいまいな返事に対して、課長が叱責するのも**宜**なるかなと思った。　むべ／うべ

□ 遠い異国にあって、**須臾**もあなたのことを忘れたことはありません。　しゅゆ

□ 残花のかおりを惜しみつつ、公園の中を**漫**ろ歩く。　そぞ／すず

□ 叔父の莫大な遺産を相続してからの夫は、生活が**放恣**に流れがちでした。　ほうし

□ この部屋の間取りは申し分ないが、日があまり当たらないのが**疵**だ。　きず

□ いま**喧伝**されているように、人工知能が将来多くの職業を奪うのであろうか。　けんでん

- □ 運動不足もたたってか、近ごろ**頓**に体力が衰えてきたようだ。 とみ
- □ 当時この地の支配権をめぐっては、三人の大名が**鼎立**していた。 ていりつ
- □ 師の病状が悪化したので、門弟が代わる代わる**夜伽**をすることになった。 よとぎ
- □ **罹災**した地域の人への救援活動は、遅々としてすすんでいないようだ。 りさい
- □ 初めて間近で見た時代祭の行列は、**宛**ら王朝絵巻だった。 さなが
- □ この馬は**喘鳴**症を患っているので、レースには出走させられません。 ぜんめい
- □ 地道な捜査によって事件の様相が徐々に**炙**り出されてきた。 あぶ
- □ 初めて訪れた国で人々の細やかな情に触れ、情緒**纏綿**として去りがたかった。 てんめん
- □ 久しぶりに心の底から笑って、腹が**捩**れそうになった。 よじ
- □ 祖父はこの戦いで**虜囚**となり帰国できたのはそれから三年の後だった。 りょしゅう
- □ 彼はこのところ、酔うと大声で演説を始め、皆の**顰蹙**を買うこととしきりだ。 ひんしゅく
- □ 幼い頃、祭りで**法被**を着て神輿をかついでいる兄の姿にあこがれたものだ。 はっぴ
- □ 彼女のその一言で、わずかばかり残っていた自信は**脆**くも崩れ去った。 もろ
- □ あの俳優は、自らの演技に**恍惚**となっているように見えるところがいやだ。 こうこつ
- □ 何かにつけ**僻**みっぽい、自分の性格を直したい気持ちはある。 ひが
- □ 河岸から見た様子では、**櫓**を漕いでいる男はかなりの年輩のようだ。 ろ
- □ 彼女は腰を**屈**めて、靴磨きをしている男の子に話しかけた。 かが
- □ 課長はいつも上の人に**阿諛**するばかりで、自分というものがないのだろうか。 あゆ

- □ どのような文化も、**爛熟**しきってしまうと退潮に向かうものだ。　らんじゅく
- □ **抑々**の事の発端は、君の月例会議での唐突な発言ではないか。　そもそも
- □ 一部の不平分子が何やら**蠢動**しているようだ。　しゅんどう
- □ この子のために叱っているので、**継子**いじめと思われるのは心外です。　ままこ
- □ 彼はだれに対しても歯に**衣**着せぬ物言いをする。　きぬ
- □ 道ならぬ恋に落ち、その修道士は**悖徳**の徒として僧院を追われた。　はいとく
- □ 担当の者を呼んでまいりますので、こちらで**暫時**お待ちください。　ざんじ
- □ ここから国連の監視下にある**緩衝**地帯を抜けて、A国に入る予定だ。　かんしょう
- □ この役を演じることができ、役者**冥利**に尽きる。　みょうり
- □ **過剰**生産がたたり、売り値が半値以下になってしまった。　かじょう
- □ 今回の成功は、**偏**に皆さんのご協力の賜物であります。　ひとえ
- □ 激しい胃の痛みに耐えかね、彼は道端に**蹲**ってしまった。　うずくま
- □ 仕事を怠けていて、課長に**睨**まれてしまった。　にら
- □ 内部事情を**知悉**する者の犯行だと推測された。　ちしつ
- □ 額に小手を**翳**して日光を遮る。　かざ
- □ 傷の手当をするので、ガーゼと**絆創膏**を用意してください。　ばんそうこう
- □ **悪食**を自認する彼も、食卓に蜘蛛を出されたのは初めてだそうだ。　あくじき／あくしょく

□ 仄聞するに、彼は離婚したという。 そくぶん
□ 他人を蔑むような言動は慎もう。 さげすむ
□ 電車を降りて、跨線橋を渡ったホームの売店の前で待っています。 こせんきょう
□ 恩人とも言うべき人からの依頼だから、徒やおろそかにはできない。 あだ
□ 愛犬の死が知らされると、妻は写真を見ながら嗚咽を洩らしていた。 おえつ
□ 後任委員長の人選をめぐって役員の間に軋轢が生じる。 あつれき
□ 異国暮らしも二年目に入るが、懐郷の念は強まるばかりだ。 かいきょう
□ 相手を謗るだけでは、この事態を好転させることはできないよ。 そし
□ 兄は途轍もなく大きい夢を抱いて渡米したのだった。 とてつ
□ 叔父は昨年、異国の地で追剝にあって、たいへん難儀したそうだ。 おいはぎ
□ 情誼に厚い弟のことだから、助けを求めてきた彼を見捨てることはないだろう。 じょうぎ
□ 食堂に入ると、弟は、いつになく畏まってテーブルについていた。 かしこ
□ 彼は口下手で、まわりの人を懐柔するのが苦手だ。 かいじゅう
□ ブランクを感じさせぬ彼の燻し銀の演技は、観客の期待に違わないものだった。 いぶ
□ 大事なことなのに、人前を憚って言えなかった。 はばか
□ 入浴中に閃いたというアイデアを、博士は私たちに楽しげに語りだした。 ひらめ
□ そのとき彼の顔が一瞬歪んだように、私には思えた。 ゆが
□ 店を出ると、街はすっかり夜の帳に包まれていた。 とばり

- □ 透明の液体が入った容器の底に、黒い鉱物のような物質が**沈澱**している。　ちんでん
- □ 偉大な先生の**顰**みに倣って、小さなことでもすぐにメモするようにしている。　ひそ
- □ 借金をいつ返すのだと**難詰**されて、当てもないのに明日と答えてしまった。　なんきつ
- □ あれでも昔は、**剃刀**のように切れるという評判の男だったのだがね。　かみそり
- □ しばらく山にでも**籠**って、誰にも会わないでおこう。　こも
- □ 弊社では「国際法と現代」をテーマにした**叢書**の刊行を開始します。　そうしょ
- □ 弟はその日から、すっかり彼女の**虜**になってしまったようだ。　とりこ
- □ 父の葬儀の朝、部屋のドアを開けると、母はハンカチで顔を**被**っていた。　おお
- □ 今、そんな**些末**なことにかかずらっている暇はない。　さまつ
- □ 私がすぐにいい返事をしないので、彼女は**拗**ねたような仕草をして見せた。　す
- □ 建立当時の**伽藍**は、今の法隆寺とは異なる配置だったことが知られている。　がらん
- □ この病に高齢者が**罹**った場合には生命の危険もあるらしい。　かか
- □ 八月中に、各人が**適宜**五日間の休みをとるようにしてください。　てきぎ
- □ 全員一丸となって**須**らく勝利に向けて邁進せよ。　すべか
- □ 法案成立に至る過程に、図らずも政界の**伏魔殿**を垣間見ることになった。　ふくまでん
- □ 青空の下、野のレンゲソウは満開で、まさに春**爛漫**というにふさわしい。　らんまん
- □ デビュー以来、彼はバイオリニストとしての名声を**恣**にしてきた。　ほしいまま
- □ 一読したところ、君の論文には目立った**瑕疵**はないようだ。　かし

1級　一問一答

□ 彼は何かにつけて、小言や理屈を言う**喧し屋**のようだ。
□ 窮地に立たされそうになったが、**頓智**を働かせて切り抜けた。
□ この事態への対処を誤れば、経営者としての**鼎**の軽重が問われるだろう。
□ 今回の取材で、不況に**喘**ぐこの地域に一筋の光明を見た思いがした。
□ 広く人口に**膾炙**している説ではあるが、実は真偽のほどは疑わしい。
□ ふだんは地味な彼女だが、パーティーとなると豪華な衣装を**纏**って出席する。
□ 入社してから、これほどの**屈辱**を味わわされたことはない。
□ みっともないから、いいかげん、課長に**諛**うのはやめたらどうだい。
□ 弟はその日から、すっかり彼女に**傍惚**れしてしまったようだ。
□ 私にとって、十歳上の長兄はずっと**畏怖**する存在だった。
□ 職場を変わってからは、**謙抑**的にふるまうようにつとめている。
□ 与党議員にまつわる不祥事が**継起**し、政権を揺さぶり続けている。
□ 彼は、**怯懦**なふるまいを見せてしまったことを後悔した。
□ 定刻になると、静かに舞台の**緞帳**が上がった。
□ 子どもの頃の私は、どこか**捩子**が一本外れていると心配されていたようだ。
□ 実際に行ってみると、赴任先は想像していた以上に**僻遠**の地だった。
□ 山頂からは、**宛転**として流れる大河を一望することができた。

やかましや
とんち
かなえ
あえ
かいしゃ
まと
くつじょく
へつら
おかぼ
いふ
けんよく
けいき
きょうだ
どんちょう
ねじ
へきえん
えんてん／えんでん

□ **櫓**に上って煙が上がった方角を見てみると、燃えているのは家の近くだった。　やぐら

□ できたてのシチューを口にしたら、舌が**爛**れてしまうような熱さだった。　ただ

□ 科学者としての**忸怩**たる想いが読み取れる文章である。　じくじ

□ 関白へと上り詰め、**位人臣**を極めた秀吉の野望は果てしなかった。　くらいじんしん

□ 大型船を受け入れられるように、港の**浚渫**工事を始めるそうだ。　しゅんせつ

□ 彼は野に下ってからは**荏苒**として今に至ったようだ。　じんぜん

□ 私が指導した選手がプロになるなんて、これぞまさしく「**出藍**の誉れ」だ。　しゅつらん

□ 小学生が描いた見事な絵を見て、まさに「**栴檀**は双葉より芳し」だと思った。　せんだん

□ 連絡船は汽笛を鳴らし、北国の**渺茫**とした海に出航していった。　びょうぼう

□ 長持ちの奥に絹布で包まれた桐箱があり、その**筐底**に一冊の典籍を見出した。　きょうてい

□ 君の頼みなら、保証人になるのも**吝**かではないよ。　やぶさ

□ 報告書の最後の部分、大幅に**斧鉞**を加えてみたので、確認してください。　ふえつ

□ 新事業は次々に成功を収め、**有卦**に入るとはこのようなことを言うのだろう。　うけ

□ これはとても重要な交渉だから、**臍**を固めて事に臨んでほしい。　ほぞ

□ あなたの説明は、私たちが調べた事実と全く**平仄**が合わないようだ。　ひょうそく

□ 彼はこの業界では珍しく、言うことに**外連味**がないので好感が持てる。　けれんみ

□ **島嶼**部、特に離島の人口総数は減少の一途をたどっている。　とうしょ

□ かつて漁業などで**殷賑**をきわめた島が、荒涼たる廃墟と化した。　いんしん

□ トラの模様は茂みで体の輪郭を**暈**すのに役立つ。	ぼか
□ ショーウインドウには、乙女心を**擽**るかわいらしい商品が目白押しだ。	くすぐ
□ コンビニに**屯**する男たちの一人に声をかけられた。	たむろ
□ 草木の**戦**ぐ真夏の夜に現れる二つの影。その正体に驚愕した。	そよ
□ 宿題の工作で、兄の作品を**恰**も自分が作ったような顔で提出した。	あたか
□ 自然や**有職**故実、人間や社会の諸問題などに関する記述が並べられている。	ゆうそく
□ 冬枯れの**蕭蕭**たる景色を眺めつつ、物思いに耽った。	しょうしょう
□ 彼は誤解を解こうとして、肝胆を**披**いて語った。	ひら
□ 第一次世界大戦の勃発が、日本に「大戦景気」を**齎**した。	もたら
□ **敵愾心**を煽る要素を持ち込むことは、オリンピックの精神と相容れない。	てきがいしん
□ 芸は**口伝**されたため、現在では演目しかわからないものがある。	くでん
□ **奢侈**な生活にうつつを抜かした人気役者は、江戸から追放された。	しゃし
□ 親子ともども、切手の**蒐集**が趣味です。	しゅうしゅう
□ 歳入を**補塡**する対策の一つとして巨額の国債を発行せざるをえなくなった。	ほてん
□ あの男が会員を**使嗾**して、悪徳商法を広めていったことは疑いない。	しそう
□ 彼は、部下の**諫言**に率直に耳を傾ける度量をもっている。	かんげん
□ 悪逆非道の限りを尽くした先祖の**余殃**か、不幸なことばかりが続く。	よおう
□ 師の**衣鉢**を継いで、学問の道に精進し続ける。	いはつ

□ この業界は今まさに危急存亡の**秋**を迎えていると言われている。	とき
□ 千ページを超えるこの**浩瀚**な書物から、著者の意欲的な試みが伝わってくる。	こうかん
□ お前は**一端**の大人のつもりでいるようだが、とんでもない。	いっぱし
□ 酒癖の悪い彼は師匠の**忌諱**に触れ、ついに破門されてしまった。	きき／きい
□ 広く**流布**している漢和辞典から引用した。	るふ
□ こうした扱いはどこまで**正鵠**を射たものであろうか。	せいこく
□ 今から見れば**錚錚**たる学者が名を連ねている。	そうそう
□ **檜皮葺**の屋根は今も京都の社寺でたくさん目にすることができる。	ひわだぶき
□ 平安時代以来、高位の女性は準正装として**小袿**を着用した。	こうちぎ
□ 平安時代の男性貴族は人前で**烏帽子**を脱ぐのを嫌ったらしい。	えぼし
□ 正貨である銀貨との引き換えができる**兌換**紙幣が発行された。	だかん
□ 発掘調査が進む縄文時代の遺跡から**勾玉**や銅鏡が多数出土した。	まがたま
□ 彼は同じ失敗を繰り返してきたので、今回の**譴責**処分は妥当だと思う。	けんせき
□ わが社には**精励恪勤**な人材がそろっている。	せいれいかっきん
□ この大ピンチで新人投手をマウンドに送るなんて、監督の采配は暴虎**馮河**だ。	ひょうが
□ こんな短い時間で**余蘊**なく議論ができるなんて、端から期待していない。	ようん
□ 線路の復旧までバスが**代替**運行をしているが、まもなく全線開通するらしい。	だいたい
□ 心身共に疲労困憊している彼に、一日も早く転職するように**慫慂**した。	しょうよう

□ 彼はすぐれた素質を持っていたのに、**驥足**を展ばすことができなかった。 きそく
□ 時節柄、どうかお身体をお**厭**いください。 いと
□ 国語の勉強を**等閑**にしてはいけない。＊「とうかん」以外の読み方で なおざり
□ **多士済済**とは、優れた人材が多く集まっていることをいう。 たしせいせい
□ 旅先で地元の名産品を**賞翫**するため、朝早くから歩き回った。 しょうがん
□ この本は**蛙鳴蟬噪**で、私には読む価値があるとは思えない。 あめいせんそう
□ このところ**禍々**しい事件が続いていて、憂鬱な気分になる。 まがまが
□ 右打者の内角を**抉**るシュートで勝負するつもりが、手元が狂って死球を与えた。 えぐ
□ 派手な宣伝のわりには「**大山**鳴動して鼠一匹」という結果に終わった。 たいざん
□ 先生に**満腔**の敬意を表したい。 まんこう
□ 大阪人が皆、**懸河**の弁をふるうわけではない。 けんが
□ 甲子園出場経験がなくても、彼は**嚢中**の錐で、ドラフトの目玉になった。 のうちゅう
□ 幕府はかろうじて**余喘**を保っていた。 よぜん
□ **経帷子**を故人に着せる。 きょうかたびら
□ 「故郷に錦を飾ってみせる」と**嘯**いた。 うそぶ
□ 行き詰って**懊悩**する日々が続いた。 おうのう
□ **麴**を使って甘酒を作った。 こうじ
□ **齷齪**と働いているのに生活は楽にならない。 あくせく

- □ **驕奢**な生活で親の遺産を使い尽くした。　きょうしゃ
- □ 風呂場のタイルに**罅**が入ってしまった。　ひび
- □ 爪切りの代わりに**鑢**を使う。　やすり
- □ 大臣が国民を**貶**むような発言をして問題になった。　さげす
- □ 法案反対のシュプレヒコールが**谺**した。　こだま
- □ 一同が**戮力**してこの難局を乗り越えなければならない。　りくりょく
- □ 車の通らない**畷道**を歩いて小学校に通った。　なわてみち
- □ 暮れ**泥**む空をカメラで撮影した。　なず
- □ 仕上げにナッツとドライフルーツを**鏤**めた。　ちりば
- □ 冷戦の**終焉**から三十年あまりが過ぎた。　しゅうえん
- □ 遊覧船に乗って**群青**色の湖面を堪能した。　ぐんじょう
- □ 弱小チームの快進撃に**聊**か驚いた。　いささ
- □ 相手の**間隙**を突いて盗塁を決めた。　かんげき
- □ 彼は**恐懼**して、その場にひれ伏した。　きょうく
- □ 学生時代は**孜孜**として勉学に励んだ。　しし
- □ 隣人は**框**に腰かけて長話をしている。　かまち
- □ その知らせを聞いて涙に**噎**ぶ母の姿が目に浮かぶ。　むせ
- □ 夫婦二人で**恙**なく過ごしている。　つつが

- □ 友人は旅先で二度も**掏摸**に遭った。　すり
- □ **収斂**化粧水と乳液を購入した。　しゅうれん
- □ **繻子**織りの生地でドレスを縫った。　しゅす
- □ 彼の眼光**炯炯**としたまなざしが、深く印象に残った。　けいけい
- □ 信長**麾下**の武将たちが集結した。　きか
- □ 舟は**杳然**として何処ともなく去る。　ようぜん
- □ 散歩の**序**でに図書館へ寄って借りた本を返す。　つい
- □ ヨーロッパ旅行が実現したら**城砦**都市を訪れたい。　じょうさい
- □ 生徒を**打擲**するなんて、許されることではない。　ちょうちゃく
- □ リスやネズミは**齧歯**類に分類される。　げっし
- □ **海鼠壁**の土塀が目を引く屋敷。　なまこかべ
- □ **御無音**に打ち過ぎ申し訳ございません。　ごぶいん
- □ 彼女よりも僕のほうが**悋気**深い。　りんき
- □ ナポレオンはエルバ島に**配流**された。　はいる
- □ 祖母は生まれ育った**辺陬**の地から離れるのを嫌がる。　へんすう
- □ 日本の近代文学の**濫觴**となった作品。　らんしょう
- □ 無名ながら**刮目**に値する逸材だ。　かつもく
- □ 恋人と別れて一晩中**慟哭**した。　どうこく

□ 彼女の**口吻**から、機嫌が悪いと感じられた。　こうふん

□ 今年の冬はインフルエンザが**猖獗**をきわめている。　しょうけつ

□ この企画は上層部から**掣肘**が加えられるかもしれない。　せいちゅう

□ **禿筆**を呵して、お礼状を認めました。　とくひつ

□ どれだけ大金を積んだとしても、殺人の罪を**贖**うことはできない。　あがな

□ **苟**も年寄りに向かってでたらめとは何だ。　いやしく

□ 仕事に**感**けて運動ができない日が続いている。　かま

□ 相手はまだ**頑是無**い子どもなのだから、許してあげようよ。　がんぜな

□ **不束**な息子ですが、よろしくお願いいたします。　ふつつか

□ 先学の**驥尾**に付すことで、こんな自分でも成長できると思う。　きび

□ 市長は事実を曲げた**讒言**で陥れられた。　ざんげん

□ **瑪瑙**の原石をペンダントに加工してプレゼントした。　めのう

□ あなたの忠告を**肯**んずることは難しい。　がえ

□ 父が放った**今際**の際の言葉を忘れない。　いまわ

□ 源氏物語の**掉尾**を飾る「夢浮橋」を読んだ。　ちょうび／とうび

□ 彼女は懐に**匕首**をしのばせていた。　あいくち／ひしゅ

□ 馬を**馴致**して競馬馬に育て上げる。	じゅんち
□ 防寒用の帽子と手袋を**餞**に送った。	はなむけ
□ 関が原で勝って徳川家康は国内を**統**べた。	す
□ 彼は酒におぼれて**荒**んだ生活を送っているらしい。	すさ
□ そのような**弥縫策**では近いうちに破綻するだろう。	びほうさく
□ 母は今年の八月に、**耳順**を迎える。	じじゅん
□ どんな客に対しても**慇懃**な態度で接する。	いんぎん
□ この業界には**魑魅魍魎**がうごめいている。	ちみもうりょう
□ 交渉では**言質**を取られないようにすることが大切だ。	げんち
□ 社長の右腕として活躍する彼は、**帷幄**の臣とよばれている。	いあく
□ 彼は旅先でカジノにはまり、とうとう**螻蛄**になった。	おけら
□ 彼女への想いは**泡沫**の恋に終わった。	うたかた
□ 仕事に**託**けて町内清掃への参加をことわった。	かこつ
□ 彼の右頰にある**黒子**はとてもチャーミングだと思う。	ほくろ
□ **東雲**の別れを惜しむ。	しののめ
□ あの兄弟は**奇**しくも告白した日が同じだった。	く
□ 大群衆がコンビニ強盗の犯人を**囲繞**した。	いにょう／いじょう

□ そんなことをいきなり聞かれても**俄**には答えられない。　にわか

□ **朝餉**の用意が整ったので、息子を起こしにいかなくては。　あさげ

□ 語学を学ぶなら現地に留学するのが一番の**捷径**だろう。　しょうけい

□ かつての人気役者が今はすっかり**零落**れてしまった。　おちぶ

□ 彼と出会ってから、君は少し**逆上**せていないか。　のぼ

□ 貸し借りを**相殺**することで、お互い気が楽になった。　そうさい

□ 難関といわれる国家試験に一回で合格した彼に**肖**りたい。　あやか

□ 彼の汚名を**雪**ぐために、真実をつきとめよう。　そそ／すす

□ **刎頸**の交わりだからこそ、金銭の貸し借りは一切しない。　ふんけい

□ 学者は権威に**阿**るべきではないと私は思う。　おもね

□ ビルが立ち並ぶ道路に、木が**疎**らに生えている。　まば

□ 子どものころ、田舎の家では寝床に**蚊帳**を張っていた。　かや

□ **飛白**の着物は素朴で飽きがこないからいいね。　かすり

□ 語学が堪能な彼女なら引く手**数多**だろう。　あまた

□ 御**来駕**を賜りますようお願い申し上げます。　らいが

□ 彼女はいつも病気に**被**けて飲み会に参加しない。　かず

□ 磯の**鮑**の片思いとは僕のことだ。　あわび

□ **鴛鴦**の契りを結んだが、数年で破局した。　えんおう

□ 例年なら祭りの**山車**が巡るころだが、今年は中止らしい。　だし
□ 彼女の怒りがおさまるまで**只管**許しを請うしかない。　ひたすら
□ 彼は武術にかんしてはなかなかの**猛者**だ。　もさ
□ 何かにつけすぐ怒鳴り散らすという**為体**だ。　ていたらく
□ 子どもと一緒に水族館で**海驢**の曲芸を楽しんだ。　あしか
□ 主君に**傅**く家臣のようなふるまいが鼻につく。　かしず
□ 彼は政界を陰で操る**鵺**のような存在だ。　ぬえ
□ 新鮮な**海胆**はこんなに美味しいんだね。　うに
□ 強風が吹いた翌日、**毬栗**があちこちに落ちていた。　いがぐり
□ **蟷螂**の斧だとわかってはいるが、全力を尽くそう。　とうろう
□ 仕事を競馬に**準**えるなんて、いかにも彼らしい。　なぞら
□ 銅ぶきの屋根には**緑青**が浮いている。　ろくしょう
□ **烏賊**の塩辛をつくって瓶詰にしておくと重宝するよ。　いか
□ **信天翁**は天然記念物に指定されている。　あほうどり
□ 彼は長い間猫を被っていたが、とうとう**襤褸**を出した。　ぼろ
□ 大工に**曲尺**は欠かせないように、私にはパソコンが欠かせない。　かねじゃく
□ 三十年ぶりの優勝なので、ファンの喜びも**一入**だ。　ひとしお
□ 明日は七夕なので、短冊と**紙縒**を用意した。　こより

- □ 広い境内には**塔頭**がいくつもあるので、迷子になってしまう。 — たっちゅう
- □ 彼は太陽の光を浴びず、**土竜**のように暮らしている。 — もぐら
- □ 「**長押**」は建築用語で、パソコンの再起動のことじゃないよ。 — なげし
- □ 玄関を掃除したら、**三和土**に水を撒いておいてね。 — たたき
- □ 彼はやたらと**似而非**関西弁を使いたがる。 — えせ
- □ 権力があるからといって、他者を**蹂躙**していいはずがない。 — じゅうりん
- □ 実家が近所なので、お互いの家族とも**昵懇**にしている。 — じっこん
- □ 「**瀝**積もりて淵となる」とは、塵も積もれば山となると同義だ。 — したたり
- □ ヒソヒソ話に耳を**欹**ててみたけど、何も聞きとれなかった。 — そばだ
- □ 今シーズンの彼女の活躍には目を**瞠**るものがある。 — みは
- □ あの人は高学歴だが、才を**衒**うような人ではない。 — てら

書き取り問題

次の短文中の太字部分を漢字に直しなさい。

□ 黙々と**アイロ**を歩き続けて、ようやく山頂にたどり着いた。	隘路
□ 幹線道路は大渋滞なので**ウカイ**して裏道に入ろう。	迂回
□ 職を失った人たちの**エンサ**の声が首長にも届いているだろうか。	怨嗟
□ 理不尽なことを言われても**オウヨウ**にうなずける君は大したものだ。	鷹揚
□ 出張先の街で、同級生と三十年ぶりに**カイコウ**した。	邂逅
□ あの人の文章は**カイジュウ**で、何回読んでも頭に入らない。	晦渋
□ **カクチク**する企業同士がコマーシャル合戦を繰り広げている。	角逐
□ 地図を見ながら、かつて**カンガ**のあった場所を確かめた。	官衙
□ 皇帝軍は**カンセイ**を発して進撃を開始した。	喊声
□ 私はドラフト一位選手としての**キョウジ**を持ち続ける。	矜持
□ 江戸時代の**キンリ**の様子をえがいた書物を調べている。	禁裏／禁裡
□ ごみを路上に捨てるような、**グマイ**な連中とかかわりたくない。	愚昧
□ 大雨で旅程が変わったおかげで、**ケウ**な体験をすることができた。	稀有／希有
□ 全身麻酔の開発は日本では華岡青洲をもって**コウシ**とする。	嚆矢
□ 亡霊がどこからともなく**コツゼン**と現れて消えた。	忽然

□ 令和になってもそんな**コロウ**な因習にとらわれているなんて。　固陋

□ 彼は以前友人に騙されてから、**サイギ**心が強くなったようだ。　猜疑

□ 彼は**サトウ**だが、つまみにケーキを食べることがある。　左党

□ 彼女の一言で、病気という**シッコク**に立ち向かう勇気がわいてきた。　桎梏

□ その時代に合った、どこか**シャダツ**な歌詞が印象深い。　洒脱

□ 学校にホームステイ先を**シュウセン**してもらった。　周旋

□ **ジュンタク**な資金がある球団は、良い選手を次々に獲得してしまう。　潤沢

□ 両国の関係は、**チクジ**改善されていくだろう。　逐次

□ 世間はそのお年寄りの勇敢な行為を**ショウヨウ**した。　称揚／賞揚

□ この作品が完成するまでに、相当**シンギン**された様子がうかがえる。　呻吟

□ 収入に応じて、会費を**シンシャク**してほしい。　斟酌

□ あの評論家は、権力者に向かうといつもの**シンラツ**さが半減する。　辛辣

□ 田舎の**セキバク**とした風景を思うと、一抹の不安が込み上げてくる。　寂寞

□ 目の前で何かが光ったと思った**セツナ**、気を失ってしまった。　刹那

□ 学生の頃はかなりの**ソコツ**者だったが、社会人になってすっかり落ち着いた。　粗忽

□ 相手の立場や気持ちを**ソンタク**するのはよいが、やり過ぎないように。　忖度

□ 娘はアイドル歌手に**タンデキ**して、勉強をおろそかにするようになった。　耽溺

□ 彼は私をまるで十年来の**チキ**のように、あたたかく迎えてくれた。　知己

- □ かつての同僚から「本を**ジョウシ**しました」という知らせが届いた。　上梓
- □ 彼の息子は事業に失敗して十年ほど前に**チクデン**したはずだ。　逐電
- □ 民主主義を**ケイガイカ**させてはならない。　形骸化
- □ 定年後は**チッキョ**して、読書三昧の生活を送りたい。　蟄居
- □ 事の**テンマツ**を私に話して聞かせなさい。　顛末
- □ 彼女は**ドウカツ**してきた男をにらみつけて一喝した。　恫喝
- □ 彼女は両親の**ヒゴ**の下にすくすくと育った。　庇護
- □ 彼女は**トツベン**なので、自分から発表したがるタイプではない。　訥弁
- □ 彼は自分の悪事が露見しないように、文書を**ネツゾウ**した。　捏造
- □ 彼の意見は至極まっとうで、**ハンバク**の余地はないと感じた。　反駁
- □ 自治体が、子ども服の無料**ハンプ**会を開催した。　頒布
- □ これとそれとは**ヒッキョウ**同じだ。　畢竟
- □ 対立する彼らはお互いの意見を**ビュウケン**だと主張した。　謬見
- □ 同僚の悪口を**フイチョウ**する人は信用できない。　吹聴
- □ 九十年代に一世を**フウビ**したバンドが再結成されるらしい。　風靡
- □ この本は複雑で難解な内容を**フエン**して説明している。　敷衍
- □ 彼女の**フソン**な態度は今に始まったことではない。　不遜
- □ 彼はその本を**ベッケン**しただけで、すぐに本棚に戻してしまった。　瞥見

□ 暗闇の中から獣のような**ホウコウ**が聞こえてきた。
□ 道を見失って霧の中を**ホウコウ**する。
□ 自殺**ホウジョ**が合法化される日が来るのだろうか。
□ あの作家は執筆のためと言って**ホウラツ**な生活を送り続けた。
□ 父は、会社では真面目で**ボクトツ**な人物だと思われている。
□ 彼女は政治家を**ヤユ**した漫画を描き続けている。
□ 君がやろうとしていることは学生として**ラチガイ**の行動だ。
□ 浪費家の姉と**リンショク**家の妹が一緒に生活するのは大変だ。
□ 彼の投球術は**ロウカイ**さを増して進化し続けている。
□ 権力者たちを次々と**ロウラク**した彼女は、稀代の悪女だと思う。
□ 身内であっても、お金のことを**ウヤムヤ**にしてはいけないよ。
□ 東北出身の祖母は黒**ゴマ**ののった南部せんべいが好きだ。
□ ジョギングを始めてから**ジャッカン**体重が減った。
□ 今年の**オオミソカ**は故郷で両親とともに過ごしたい。
□ 茶碗蒸しに**ギンナン**は欠かせない。
□ まさか私が**バイシンイン**に選ばれるなんて思わなかった。
□ 強行採決なんて、国民を**コケ**にするのもいい加減にしろ。
□ 外国の友人に**ウルシ**塗りの箸を贈ったら大層喜ばれた。

咆哮
彷徨
幇助
放埒
朴訥
揶揄
埒外
吝嗇
老獪
籠絡
有耶無耶
胡麻
若干
大晦日
銀杏
陪審員
虚仮
漆

□ 何点取られても降板させないなんて、**サラシモノ**ではないか。　晒（し）者

□ 彼は学生時代に**キガ**を共にした仲だが、最近は会っていない。　起臥

□ 闖入者は大型犬に**イカク**されて身動きがとれなくなった。　威嚇

□ 古代ローマの政治家ユリウス・カエサルは**ヒゴウ**の死をとげた。　非業

□ このあたりの商店は量販店に**サンショク**されつつある。　蚕食

□ 官庁があの事件の情報を**ヒトク**するなんて、余計怪しい。　秘匿

□ ついに国会で証人**カンモン**が行われることになった。　喚問

□ **オイ**っ子が今年小学校に入学するので、入学祝いを買いに行く。　甥

□ 多くの国がワクチンの確保に**キョウホン**している。　狂奔

□ 無一文の彼と結婚したいなんて、世の中には**キトク**な人もいるものだ。　奇特

□ 近視なのでコンタクトレンズで視力を**キョウセイ**している。　矯正

□ 権限の一部を**イジョウ**することにした。　委譲

□ 戸籍**トウホン**を取りに役所へ行ったら、窓口が大変混んでいた。　謄本

□ こんな表現をしたら**ゴヘイ**があるかもしれないが、あえて言います。　語弊

□ 早朝に緑の多い公園を散歩すると、気分が**ソウカイ**になる。　爽快

□ どうせ払うなら**カップ**にするよりも一回にしたほうが私は気が楽だ。　割賦

□ お上に**サクシュ**され続けてきた農民たちがついに蜂起した。　搾取

□ 彼女に言わせると、あの男が悪の**スウジク**だそうだ。　枢軸

- [ ] この業界が**カセン**市場となるのは好ましくない。　寡占
- [ ] 二十年ぶりの優勝に、ファンたちは深夜まで**ガイカ**をあげ続けた。　凱歌
- [ ] 万引き犯は**ダット**の勢いで店を飛び出した。　脱兎
- [ ] 仏の顔も三度まで。四度目ともなると、さすがに**カンカ**できない。　看過
- [ ] 寝坊して遅刻するなんて、君はこのごろ**シカン**しているね。　弛緩
- [ ] 試合は**キッコウ**したまま最終イニングを迎える。　拮抗
- [ ] 今年は**ウルウドシ**なので、二月は二十九日まである。　閏年
- [ ] **イショウ**を凝らした衣装を身につけて、オペラ座で観劇したい。　意匠
- [ ] ライオンが**オリ**から逃げたら大変なことになる。　檻
- [ ] 広い田んぼの中に一本足の**カカシ**が立っている。　案山子／鹿驚
- [ ] 薬を服用するときくらいしか**サユ**は飲まないな。　白湯
- [ ] 迷惑行為を注意したら、男はものすごい**ギョウソウ**で立ち上がった。　形相
- [ ] どんなに厳しい批判であっても**カンジュ**するしかない。　甘受
- [ ] あんな**キザ**な男と一緒にいたら、こちらが恥ずかしくなる。　気障
- [ ] 船室にいるよりも**カンパン**に出て海を眺めていたい。　甲板
- [ ] 定年退職した父は、田舎で**アンイツ**をむさぼっている。　安逸／安佚
- [ ] 三人もの大臣が汚職事件で世の**シダン**を浴びた。　指弾
- [ ] ＳＮＳに対する価値観の違いから、友情に**キレツ**が生じてしまった。　亀裂

□ 彼女はいつも自分を**ヒゲ**して「どうせ私なんて」といじけてしまう。

□ 私どもの苦しい胸中をどうかご**ビンサツ**ください。

□ **コウカツ**な手段でお金をだまし取られないよう気をつけて。

□ 些細な人的ミスが前代未聞の大事故を**ジャッキ**した。

□ 時間がないので、次のページの説明は**カツアイ**します。

□ 会議中に何度も**アクビ**が出そうになってしまう。

卑下

憫察

狡猾

惹起

割愛

欠伸

四字熟語完成問題

次の短文中の□に漢字を入れ、四字熟語を完成させなさい。

□ 本堂の須弥壇には**八面□瓏**の観世音菩薩が安置されている。	八面玲瓏
□ 彼はこれまで□**根錯節**に出会っても、決してあきらめずに目標をめざした。	盤根錯節
□ 漢学者の祖父は、小説などは**狂言□語**にすぎないと軽蔑していた。	狂言綺語
□ 出張中にたまっていた仕事を□**瀉千里**に片付ける。	一瀉千里
□ あの高僧は**和光□塵**で、仏陀の再来のような人だった。	和光同塵
□ 流浪の末に**武陵桃□**を見出し、そこに安住する。	武陵桃源
□ あの碩学は名利に無関心で、**光風霽□**と言うべき人だ。	光風霽月
□ 彼は何かにつけて小策を弄したがる、**鶏鳴狗□**の徒だ。	鶏鳴狗盗
□ あの男は、**小□翼翼**のサラリーマンで一生を過ごした。	小心翼翼
□ **電□朝露**の虚しさを悟り、仏門に入る。	電光朝露
□ 債務の取り立てが**苛斂誅□**をきわめ、夜逃げする者が絶えなかった。	苛斂誅求
□ 彼の話は**道聴□説**が多くて、どうも信用できない。	道聴塗説
□ 本日、お二人は**偕老同□**の契りを結ばれ、晴れて夫婦となりました。	偕老同穴
□ □**操堅固**なあの人を説得するのは、容易なことではない。	志操堅固
□ 谷口先生の**博覧□記**ぶりには、学生全員が圧倒されてしまう。	博覧強記

1級　一問一答

□ **老少不**□が世の常とはいえ、まさか子どもに先立たれることになるとは。　老少不定

□ 韓国は、日本にとって**一衣**□**水**の隣国である。　一衣帯水

□ 先例にとらわれず**融**□**無碍**な発想のできる人材が、今求められている。　融通無碍

□ 退職後は、□**書尚友**を旨として過ごしたい。　読書尚友

□ 政権与党の横暴ともいえる国会運営に、野党は**切歯扼**□している。　切歯扼腕

□ 節電対策の一環として、社長が**率先**□**範**、クールビズで出社した。　率先垂範

□ 昨日から**昼夜**□**行**で取り組んで、何とか納期に間に合った。　昼夜兼行

□ 前会長が**粒粒**□**苦**して基礎を築いてくれたおかげで、会社の今日がある。　粒粒辛苦

□ 当時は数人でお宅にお邪魔し、先生を囲んで□**論風発**の一時を過ごしたものだ。　談論風発

□ 夫は部長の悪口ばかり言っているが、本人の前では**面従腹**□しているようだ。　面従腹背

□ 両国の対立は、他国から見れば**蝸牛**□**上**の争いでしかない。　蝸牛角上

□ 皆の前で不正を指摘されて**周章**□**狽**する彼に、なぜか憐れみを感じた。　周章狼狽

□ いくらあなたが□**辞麗句**を連ねても、わたしの心が動かされることはない。　美辞麗句

□ ろくな実績もないのに、威張り散らす、彼の□**郎自大**ぶりは目に余る。　夜郎自大

□ 新事業を軌道に乗せるために、皆さんとともに**勇**□**邁進**していきたいと思います。　勇往邁進

□ 今度の小説は古典に材を取り、それを**換**□**奪胎**したものだ。　換骨奪胎

□ 横綱は、新関脇の挑戦をまさに**鎧袖一**□、優勝に王手をかけた。　鎧袖一触

□ 私は課長になってから、**一**□**同仁**を心がけて部下には接してきたつもりです。　一視同仁

□ 彼女の**三**□**六臂**の活躍のおかげで、新商品発表会は成功裡に終わった。　三面六臂

□ 部長の指示したやり方に部下たちが**唯々**□**々**と従うとは思えない。　唯々諾々

□ 社長は、事態を招いた責任を内外から問われても、**漱石**□**流**を決め込んでいる。　漱石枕流

□ 春の朝、この辺りを通ると、宴の後で□**花狼藉**、片付ける人はたいへんだろう。　落花狼藉

□ 研究一筋の学者と聞いていたが、会ってみると**俗**□**芬芬**とした人で驚いた。　俗臭芬芬

□ 代理人を立てての交渉なので、どうしても**隔**□**掻痒**の感がある。　隔靴掻痒

□ ここはひとつ**虚心**□**懐**に、これまでの仕事のやり方を見直してみることにしよう。　虚心坦懐

□ 部長は**一言**□**士**だから、この件をすすめる前に相談しておいたほうがいいよ。　一言居士

□ 彼の論理は**自家**□**着**に陥っている。　自家撞着

□ 先生の書庫はまさに**汗**□**充棟**で、広いスペースが書物に占領されて狭く感じる。　汗牛充棟

□ **無為徒**□の日々を送っている男のところに、私が娘を嫁がせるわけがないだろう。　無為徒食

□ 君の部下が困っているのに、よく**拱手**□**観**していられるものだね。　拱手傍観

□ 歳を取ってから**傾城**□**国**にのめり込むとは、始末が悪い。　傾城傾国

□ 私のことを、どこにでもいる**有象無**□と一緒にしないでもらいたい。　有象無象

□ 今の君の**不**□**要領**な説明で、私たちが状況を把握できると思うかね。　不得要領

□ 今回の異動で昇進した彼は、宴会で飲みすぎて**人事不**□になったそうだ。　人事不省

□ 昨晩は疲れていて□**河夜船**だったので、隣家の泥棒騒ぎも今朝知った始末だ。　白河夜船

□ 戦前の思想犯への取り調べは**秋**□**烈日**で、拷問で亡くなった人も多い。　秋霜烈日

□ 二代目の**剛毅**□**断**なところは、父親譲りで頼もしく感じる。　剛毅果断

□ **会者定**□はこの世の常、いつまでも嘆いてはいられない。　会者定離

□ 何事にも**無欲**□**淡**なお前にも、そろそろ何か目標を持ってほしい。　無欲恬淡

□ 今回の敗戦を胸に刻んで、**捲**□**重来**を期したいと思います。　捲土重来

□ 所属議員の不祥事発覚や、党首の失言が相次ぎ、今やこの党は**満**□**創痍**だ。　満身創痍

□ 彼女の**軽**□**洒脱**なエッセイは、広範な読者の支持を得ている。　軽妙洒脱

□ この少女の書からは、□**衣無縫**でのびのびした素直さが感じられる。　天衣無縫

□ 弁護士である叔父の弁論はいつも**博**□**旁証**で、その知識の深さに驚嘆させられる。　博引旁証

□ カタカナ言葉を多用しているが、**蛙**□**蟬噪**で、中身のないつまらない論文だ。　蛙鳴蟬噪

□ いかにして悟りに達するかは、**不立**□**字**、言葉で伝えられるものではない。　不立文字

□ 部外者が部屋にいなくなってから、私たち四人の弁護士は遅くまで□**首凝議**した。　鳩首凝議

□ 慎重に事を運んだつもりだったが、**千**□**一失**と言うべき結果を招いてしまった。　千慮一失

□ 怒りにまかせて何の準備もせず敵の本丸に乗り込むなど、**暴**□**馮河**のふるまいだ。　暴虎馮河

誤字訂正問題(1)

次の短文中で誤って使われている漢字を正しく直しなさい。

- □ 社会保険庁による年金の管理が極めて杜選であった。
- □ 明治政府の方針で漢方医は罷面され、漢方医学の発展は滞った。
- □ プロの選手による模範演技は、宗教儀式のように神厳なものに思えた。
- □ 健康の秘決は、緑茶をよく飲むことだという人がいる。
- □ 日本は先進国では最も遅く、一九九二年に世界遺産条約を批準した。
- □ 白樺派は、人導主義に基づく理想主義的傾向が強かった。
- □ 公認会計士の資格を取ろうと、通信教育で点削指導を受けている。
- □ その起源については諸説粉粉としており、明らかになっていない。
- □ 学生の無礼な態度に先生は怒髪天を抜くといった形相となった。
- □ 幕末になると世情の乱れから頽背的な芝居が多く上演された。
- □ 二〇二一年現在、一九三の条約諦約国がある。
- □ 今はあまり見なくなったが、私の家は角松を立てる。
- □ 浮世絵師は、和装本の差絵や表紙の仕事も請け負っていた。
- □ 日曜大工にいそしんで、机、倚仔や犬小屋などを作っている。
- □ 一八六八年、京都において王制復古の大号令が発せられた。

杜選→杜撰
罷面→罷免
神厳→森厳
秘決→秘訣
批準→批准
人導→人道
点削→添削
粉粉→紛紛
抜→衝
頽背→退廃／頽廃
諦約→締約
角松→門松
差絵→挿絵
倚仔→椅子／倚子
王制→王政

- □ 一時の劇情に駆られた衝動的な犯罪がみられるようになった。
  劇情→激情
- □ 明治政府は、詭弱な軍事力を強大化することに力を注いだ。
  詭弱→脆弱
- □ 世界的な異常気象による殻物の供給不足が懸念されている。
  殻物→穀物
- □ 古噴時代の遺跡には、歴史へのロマンがかきたてられるものがある。
  古噴→古墳
- □ 浄土宗は、日本に起元の求められる仏教の宗派である。
  起元→起源／起原
- □ 九〇五年に、初の勅選和歌集として、『古今和歌集』が編纂された。
  勅選→勅撰
- □ 平野部で作るお茶には濃厚な磁味があるとされている。
  磁味→滋味
- □ 壊石料理は、一汁三菜（汁となます、煮物、焼き物）が基本である。
  壊石→懐石
- □ バブル真っ盛りの頃、見映を張って高いゴルフクラブを買った。
  見映→見栄
- □ ハーブティーは、カモミールなどの香草を偏じた飲み物である。
  偏じた→煎じた
- □ 徳川幕府の崩壊は、財政の破諚にも一因がある。
  破諚→破綻
- □ その時々の国際情勢にたびたび奔弄されてきた。
  奔弄→翻弄
- □ 温暖な宮崎県の農家に泊まって野菜の種撒きや収穫を体験するのもいい。
  種撒→種蒔／種播
- □ 盆栽に興味を抱いているが、枝の揃定が思ったより難しい。
  揃定→剪定
- □ 失業者対策が政府にとって焼眉の課題である。
  焼眉→焦眉
- □ 世界各地で民族粉争が激化しそうな情勢にある。
  粉争→紛争
- □ 祖父は年寄りの気慨を示そうと、剣道の道場で師範代を務めている。
  気慨→気概
- □ 国旗の掲楊と国歌の演奏は、第一回大会から行われている。
  掲楊→掲揚

- □ 市の教育委員会が主宰した教養講座で、俳諧の歴史を学んでいます。　主宰→主催
- □ 黄金の稲穂が広がる収穫の秋は圧巻である。　圧巻→圧巻
- □ 参勤交代により、各藩の大名は、漫性的な財政窮乏に追いこまれた。　漫性→慢性
- □ 人類が共有すべき「賢著な普遍的価値」を持つものが世界遺産となる。　賢著→顕著
- □ 沖縄の米軍基地問題解決は何とも余断しがたい。　余断→予断
- □ 主に米の価格を調整することを目的として、貨幣の改抽が行われた。　改抽→改鋳
- □ 幕末には、尊王派、譲夷派、佐幕派などが入り乱れることになった。　譲夷→攘夷
- □ 風記を乱すという理由で女性は出演させず、女形が生まれた。　風記→風紀
- □ 対アジア外交では、未だに過去を精算しきれていない面が看取される。　精算→清算
- □ インドやスリランカでは、大規模農園で茶の裁培、生産が行われている。　裁培→栽培
- □ 明治初期は、ドイツ医学の授容が中心であったと言っても過言ではない。　授容→受容
- □ 禁煙・分煙対策が広まり、愛煙家は片身の狭い思いをしている。　片身→肩身
- □ 釣りが趣味で、釣り上げた大物の魚托を取って楽しんでいる。　魚托→魚拓
- □ 蘭学は漢方医から不当な差別を受け、治療制限があり苦渋を嘗めていた。　苦渋→苦汁
- □ 駅伝大会で襷を繋げず自責の念に駆られました。　襷→襷
- □ 茅吹き屋根が並ぶ地域は、日本の原風景を味わうことができる。　茅吹き→茅葺き
- □ 楳払いをし、注連飾りをして、気持ちを新たにして年神様を迎える。　楳払い→煤払い
- □ 本陣をはじめ木貸宿に至るまで、多くの宿泊施設が建ち並んでいた。　木貸宿→木賃宿

□ 地域の経済格差が開宰地決定に大きく影響していた。　開宰→開催

□ お茶の成分であるカフェインには、覚醒作用や疲労快復効果がある。　快復→回復

□ 彼は、中央集権の確固たる国家体勢を構築することに専ら努めた。　体勢→体制

□ 宿坊に泊まって行う冬の修業は、澄んだ空気の中で身も心も引き締まる。　修業→修行

□ 室町時代の茶人・村田珠光は、詫び茶の祖とされている。　詫び茶→侘び茶

□ 世界遺産条約は一九七二年に採択され、一九七五年に発行した。　発行→発効

□ 庶民の衛生観念は低く、伝染病が蔓援することも多くあった。　蔓援→蔓延

□ 最近は、招置活動に相当な費用をかける国も多いと言われる。　招置→招致

□ 戊辰戦争を契機に徳川政権は瓦壊し、薩長中心の新政権が成立した。　瓦壊→瓦解

□ 愛知県豊田市の香嵐渓で川沿いの道を散策しながら綿秋を満喫。　綿秋→錦秋

□ 強速球をうまく打ち返し、あまりのうれしさに一塁に走るのを忘れた。　強速球→剛速球

□ 大型量販店の進出による地方都市の商店街の衰態が目立ってきた。　衰態→衰退

□ 大正天皇鳳御の際、多摩陵付近の東浅川駅まで大喪列車が運行された。　鳳御→崩御

□ プロ野球の試合では、入場料の一部が被災地への義損金にあてられた。　義損→義捐／義援

□ 武士が新たに築城することは、法渡で禁じられていた。　法渡→法度

□ オリンピック発詳の地であるギリシャの選手団が最初に入場する。　発詳→発祥

□ 薬で暴利を貪る悪得医師を排除するため、医薬分業制を採った。　悪得→悪徳

□ 子どもの頃から器械体操をやっていて、並衡感覚には自信がある。　並衡→平衡

□ 明治期には、慈善事業の一貫として病院が設立されたケースもあった。
一貫→一環

□ 地域の新興や観光客の増大をもくろんで登録を目指す国や地域もある。
新興→振興

□ 玄界灘の荒波によってできた洞掘を船でめぐることができる。
洞掘→洞窟

□ プロ球団を求める声が澎拝として起こった。
澎拝→澎湃

□ 角界の野球賭博問題が発確し、一部の力士が解雇された。
発確→発覚

□ 西洋医学を組嚼し、日本発の医学的功績も生まれてきた。
組嚼→咀嚼

□ 昨年フルマラソンに初挑戦し、完走できて勘無量でした。
勘無量→感無量

□ 世界的な不況から脱脚するにはかなりの時間を要しそうだ。
脱脚→脱却

□ 福井県の東尋坊の崖っ淵から日本海の荒々しい波を見ると足がすくむ。
崖っ淵→崖っ縁

□ 市電が不通となり、備縫策として、市営の乗合バスが運行された。
備縫策→弥縫策

□ やはり、徐夜の鐘の厳かな響きを聞き、一年を思い返す。
徐夜→除夜

□ 存続の危機に頻しているものは、「危機遺産リスト」に登録される。
頻→瀕

□ 民間伝詳を手掛かりとして民衆の文化を研究する、民俗学が確立された。
伝詳→伝承

□ 開催地への立候補には、国家の威振を内外に示すという意味合いもある。
威振→威信

□ ワイナリーの鈴鳴りの葡萄を見たときには、疲れが吹き飛びました。
鈴鳴り→鈴生り

□ 田沼時代には、役人への増賄が横行したといわれる。
増賄→贈賄

□ 言っても栓無いこととは知りつつも、言わなければ相手には伝わらない。
栓無い→詮無い

□ 惜しいところで長打を逸する結果となった。
長打→長蛇

穴埋め問題

次の短文中の□または（　）に当てはまる漢字や語句を選んで、番号で答えなさい。

□ 議員当選後にすぐに汚職発覚とは、まさに□花一日の栄とはこのことだ。
［1 槿　2 桐　3 桜　4 梅］　1

□ 海外で夜の盛り場に出かけると、些細なことで側□を食わないとも限らない。
［1 壁　2 面　3 目　4 杖］　4

□ 当代随一の歌舞伎役者に先代の風格を重ねて求めるのは望□に過ぎようか。
［1 雲　2 蜀　3 外　4 羊］　2

□ □とも柱とも頼んでいた一人息子が早世し、老母は深い悲しみに沈んだ。
［1 壁　2 軸　3 杖　4 礎］　3

□ 氷□相容れない資本主義陣営と社会主義陣営とが激しく対立していた。
［1 炎　2 銀　3 炭　4 石］　3

□ 卒寿をお迎えになった先生のご（　　）を、心から願わずにはいられない。
［1 加恩　2 加冠　3 加餐　4 加護］　3

□ 委員会で一議に（　　）承認された。
［1 拘らず　2 取らず　3 及ばず　4 掛けず］　3

次の慣用句中の□に当てはまる漢字を選んで、番号で答えなさい。

問題	選択肢	答え
□【呉下の阿□】	［1 呆　2 蒙　3 耄］	2
□【□上の君子】	［1 梁　2 屋　3 崖］	1
□【□稷の臣】	［1 城　2 社　3 情］	2
□【滄□の変】	［1 桑　2 浪　3 蒼］	1
□【□を乱す】	［1 頭　2 算　3 計］	2
□【肺□を摧く】	［1 腑　2 胆　3 肝］	3
□【薪水の□をとる】	［1 恩　2 功　3 労］	3
□【嚢中の□】	［1 針　2 錐　3 鎚］	2
□【莫逆の□】	［1 敵　2 仲　3 友］	3
□【肺□を衝く】	［1 腑　2 胆　3 臓］	1
□【大□を振るう】	［1 刀　2 槍　3 鉈］	3
□【□体を付ける】	［1 勿　2 本　3 胴］	1
□【相好を□す】	［1 許　2 崩　3 晒］	2
□【□命を繋ぐ】	［1 露　2 薄　3 身］	1
□【頂□の一針】	［1 上　2 門　3 点］	2
□【懸□の弁】	［1 水　2 滝　3 河］	3

次の短文中の（　　）に当てはまる語句を選んで、番号で答えなさい。

□【特別な計らいで、一般には非公開の、寺の仏像を拝観させてもらった礼状で】
過日は（　　）の格別のご高配を賜り、心より御礼申し上げます。
［1 導師　2 尊下　3 猊下　4 貴台］
3

□【学会誌に発表した論文をその道の先輩に贈呈し、批判を請う書状で】
拙論を（　　）賜りたく、お送り申し上げます。
［1 査読　2 閲読　3 味読　4 通読］
2

□【久しぶりに上京した折に、たまたま機会を得て会うことのできた恩師への礼状で】
先生の矍鑠たる（　　）に接し、我々ももっと奮起せねばという思いに駆られました。
［1 尊像　2 尊影　3 尊容　4 尊堂］
3

□【寺宝の〇〇天皇直筆の書状を見たいと思う歴史学者が、その旨を願い出る手紙で】
（　　）を拝観させていただきたく、伏してお願い申し上げます。
［1 宸翰　2 宸襟　3 宸慮　4 宸断］
1

□【自社の不手際で相手の会社に迷惑をかけたことを謝罪する書状で】
このたびの件、お詫びの申し上げようもございませんが、何とぞ（　　）のほど伏してお願い申し上げます。
［1 ご寛容　2 ご容認　3 ご認容　4 ご海容］
4

□【専門を同じくする同輩への手紙で】

（　　）のますますのご活躍を祈念いたしております。

［1　貴下　2　貴顕　3　学頭　4　学兄］

4

□【○○銀行の創立百周年の祝賀会の案内状で】

おかげさまで、（　　）も本年、つつがなく百周年を迎えることができました。

［1　弊銀　2　小銀　3　小行　4　弊行］

4

□【債務返済の猶予を頼む手紙で】

何とぞ当方の事情をご（　　）の上、ご高配賜りますよう伏してお願い申し上げます。

［1　明察　2　勘案　3　斟酌　4　顧慮］

3

□【就職を希望する企業に履歴書を送付する際の添え状で】

同封の履歴書をご（　　）のうえ、ぜひ面接の機会を賜りますようお願い申し上げます。

［1　味読　2　直読　3　一読　4　精読］

3

□【取引先へ出す転勤の挨拶状の中で】

本来であれば（　　）のうえお礼申し上げるべきところ、略儀ながら書面にて失礼いたします。

［1　拝見　2　拝謁　3　拝眉　4　拝観］

3

□【友人の妻の父親が叙勲されたことを祝う手紙で】

貴君の（　　）が叙勲の栄に浴されたこと、心からお祝い申し上げます。

［1　御尊父　2　御父君　3　厳父　4　岳父］

4

□【息子が今度入社することになった会社の人に】
（　　）者ですが、よろしくご指導いただきますようお願い申し上げます。
［1　不躾　2　不束　3　不出来　4　不如意］
2

□【先輩への手紙の最後に】
くれぐれも、（　　）お大切にお過ごしください。
［1　ご自身　2　ご身辺　3　御意　4　御身］
4

□【旧友からもらった病気見舞いの書信に対する礼状で】
この度は（　　）を賜り、篤く御礼申し上げます。
［1　ご芳書　2　ご親書　3　ご奉書　4　ご信書］
1

□【顧客先への古美術品の案内状で】
貴家におかれましては、ますます（　　）のこととお慶び申し上げます。
［1　ご静穏　2　ご清穆　3　ご静謐　4　ご清雅］
2

□【商品見積書に添付した書面で】
見積書をお送り申し上げます。何とぞ（　　）ください。
［1　御査定　2　御査収　3　御査証　4　御査察］
2

□【取引先の会社での部下の非礼を詫びる手紙で】
この度は、私どもの監督（　　）によりご迷惑をおかけして、誠に申し訳ございません。
［1　不可避　2　不行き届き　3　不手際　4　不出来］
2

□【自分の進路について、同年輩の友人に相談する手紙で】
経験豊富な（　　）の御意見を承りたく、よろしくお願いいたします。
［1 長兄　2 師兄　3 令兄　4 大兄］
4

□【地元の名士の会に誘ってくれた、大学の先輩への手紙の中で】
先日は、会の一員として同席させていただきまして、（　　）に存じます。
［1 幸運　2 幸便　3 幸甚　4 幸臨］
3

□【学会の総会での会長挨拶で】
諸先輩の（　　）に浴しまして、本学会は現在隆盛を極めております。
［1 余沢　2 余情　3 有余　4 紆余］
1

□【恩人に近況を知らせる手紙で】
自分が立ち上げた会社が倒産の憂き目を見ることになり、内心（　　）たるものがございます。
［1 忸怩　2 琴線　3 廉恥　4 悔恨］
1

□【父親が亡くなったことを知人に知らせる手紙で】
長らく入院しておりました父は、闘病むなしく、過日（　　）に入りました。
［1 鬼気　2 鬼籍　3 鬼門　4 鬼神］
2

□【面接した結果、応募者に不採用を伝える手紙で】
過日行いました面接の結果、残念ながら（　　）に添いかねることとなりました。
［1 貴意　2 貴覧　3 貴下　4 貴台］
1

□【親戚にあてた法事の案内状で】
法要後、（　　）を差し上げたいと存じます。あわせてご予定いただければ幸いでございます。
［1　粗品　2　粗餐　3　粗菓　4　粗食］
2

□【幹事に同窓会への欠席を伝える葉書で】
今回は参加がかないませんが、ご（　　）をお祈り申し上げます。
［1　盛業　2　盛況　3　盛行　4　盛会］
4

□【父の跡を継ぐことになった息子が、同業の老舗の経営者に】
大先輩として商売の正道を（　　）いただきたく、よろしくお願いいたします。
［1　ご鞭撻　2　ご指南　3　ご教唆　4　ご進言］
2

□【友人の妻の病気を見舞う手紙の中で】
その後、（　　）のお加減はいかがでしょうか。
［1　ご尊妻　2　ご奥方　3　ご令閨　4　ご息女］
3

□【知人の親の病気を見舞う手紙で】
ご尊父様（　　）の由を承り、ご容態はいかがかと我が家一同ご案じ申しております。
［1　ご不快　2　ご不興　3　ご不全　4　ご不浄］
1

□【親戚に退院を知らせる手紙で】
長らく御心配をおかけいたしましたが、このたび退院のはこびとなりました。なにとぞ（　　）くださいませ。
［1　御執心　2　御休心　3　御回心　4　御衷心］
2

□【講師急病により講演会の延期を決めたことを告知する文書のなかで】
主催者といたしましても（　　）の出来事に些かとまどっております。
［1　慮外　2　望外　3　心外　4　言外］
1

□【論文の誤りを指摘してきた同学の研究者への手紙で】
ご指摘の点は確かに（　　）にあたっていると言わざるを得ません。
［1　肯綮　2　肯定　3　肯諾　4　首肯］
1

□【トップの営業成績を上げた社員が、役員会の会食に招かれた際の挨拶の中で】
（　　）の栄にあずかり、感激いたしております。
［1　陪席　2　陪賓　3　賓客　4　末席］
1

□【祝辞の最後に】
（　　）ながらこれをもちまして、お祝いの言葉といたします。本日はまことにおめでとうございます。
［1　遁辞　2　虚辞　3　蕪辞　4　献辞］
3

□【先方が送ってくれた資料が届いたことを伝えるメールで】
お送りいただいた資料、本日確かに（　　）いたしました。
［1　落着　2　落掌　3　落款　4　落飾］
2

□【目上の人への手紙の最後に】
時節柄、どうかお身体を（　　）ください。
［1　お遣い　2　お厭い　3　お煩い　4　お嫌い］
2

次の短文中の□に当てはまる漢字を選んで、番号で答えなさい。

□【大学の創立百周年記念誌に寄せた祝辞の中で】
この度、このように充実した内容の記念誌を刊行されますことは、まことにご□慶の至りに存じます。
〔1 余　2 表　3 奏　4 同〕
4

□【祝賀会に招かれた社長が出席できず、社長名で先方に祝いの品を送る際の添え状に】
……お祝いとして粗品をお送りいたしました。□意をおくみいただければ幸いに存じます。
〔1 宿　2 微　3 懇　4 極〕
2

□【新人賞を受賞した映画監督が、授賞式での挨拶で】
諸先輩の□尾に付して、このような栄誉に浴することができたことを、嬉しく思います。
〔1 掉　2 鵙　3 朧　4 驥〕
4

□【知人の父親が九十九歳になったことを祝う文面で】
このたびは、お父上が□寿をお迎えとのこと、まことにおめでとうございます。
〔1 白　2 卒　3 茶　4 傘〕
1

□【送別会への出欠の返事を督促する文面で】
御返事を□首申し上げておりましたが、残念ながら、本日まで落掌いたしておりません。
〔1 雁　2 鶴　3 鷺　4 鳩〕
2

1級　一問一答

□【ビルの建て替えによる店舗休業を知らせる文面で】

皆様には何かと御不便をおかけいたしますが、何卒御□恕くださいますよう、よろしくお願い申し上げます。

［1 宥　2 忠　3 謙　4 強］

1

□【支店開設十周年の祝賀会における支店長挨拶で】

お陰様で当支店は来る十月二十五日をもちまして、開設十周年を迎える運びとなりました。これもひとえに皆様の御支援と御□情の賜物と感謝申し上げます。

［1 親　2 熱　3 懇　4 実］

3

□【高校卒業後二十年目のクラス会の案内状で】

卒業から二十年という節目を迎え、旧交を温めるよい機会になろうかと存じます。当日は、□を添える催しとして、高校時代の写真をスライド上映する予定にしております。

［1 興　2 雅　3 冠　4 艶］

1

□【市民講座の講師の紹介文で】

このたび講師としてお招きする木村先生は、二十年にわたり、○×新聞で論説委員として御□筆を振るってこられました。

［1 硬　2 能　3 絶　4 健］

4

□【知人に宛てた、個展の案内状で】

さて、このたびはいささか面□ゆい御案内でございます。実は、画壇の重鎮に過分のおほめをいただき、油絵の個展を開催することとなりました。

［1 憎　2 食　3 白　4 映］

4

□【自分の近況を恩師に知らせる手紙で】
先生におかれましては、お変わりなくお過ごしのことと拝察申し上げます。平素は仕事の忙しさにかまけ、疎□にうち過ぎ、まことに恐縮に存じます。
［1 漏　2 隔　3 通　4 音］
4

□【褒章を授与された知人に祝いの品を送ったことを伝える手紙で】
この度、長年の御功績が認められ、藍綬褒章が授与されたとのこと、御同慶にたえません。心ばかりのお祝いの品をお送りいたしましたので、御□納くだされば幸いに存じます。
［1 嘉　2 華　3 佳　4 樺］
1

□【ニューヨークに留学する娘の保証人を引き受けてくれたアメリカ在住の友人への手紙で】
過日は、長女の保証人を御承□くださり、まことにありがとうございました。四月に小生も渡米する機会がございますので、その折、改めて御挨拶に立ち寄らせていただきたく存じます。
［1 服　2 認　3 引　4 継］
3

□【全国大会に出場する母校野球部への応援を呼びかける文面で】
御多忙のこととは存じますが、卒業生の皆様におかれましては、球場まで応援に駆けつけていただき、声を□まして選手諸君を勇気づけてくだされば幸いに存じます。
［1 澄　2 励　3 覚　4 絡］
2

□【褒章を受けた知人に、祝賀会開催の都合を聞く手紙で】
……祝賀会を開催いたしたく存じます。つきましては、日取りを決めるにあたり、候補日を御教示いただきたく、御□意をおたずね申し上げる次第でございます。
［1 真　2 内　3 発　4 決］
2

□【遠方から自宅を訪ねてくれた友人への手紙で】
このあたりは交通が不便なこともあり、ふだんは訪れる人もあまりない土地ですが、貴君がご多忙にもかかわらず、□屋を訪れてくださったこと、感謝に堪えません。
［1 仮　2 茅　3 拙　4 母］
2

□【小説の訳者が、本のあとがきで】
翻訳にあたっては、原文の味わいを損なわないように慎重を期したが、なお不備もあろう。識者の□教を得られれば幸いである。
［1 温　2 聖　3 貴　4 高］
4

□【老朽化した神社の修復に充てる寄付を募る文面で】
……つきましては、社殿修復に向けて、ご寄進を賜りたく存じます。何卒□衷をお汲みいただき、御協力のほどお願い申し上げます。
［1 天　2 折　3 和　4 苦］
4

□【年上の知人への年賀状で、近況報告をして】
昨年は秋の連休を利用し、久しぶりに□妻と台湾旅行に出かけました。
［1 小　2 令　3 荊　4 恐］
3

□【理事長就任を固辞する相手に懇請する手紙で】
貴台以外に適任の方は考えられず、七重の□を八重に折り、重ねて理事長就任をお願い申し上げる次第でございます。
［1 膝 2 腰 3 腕 4 指］
1

□【メールでの納期延長の打診に対する返信で】
先ほど御来□の納期延長の御事情は、やむを得ないことと承知いたしました。
［1 説 2 令 3 示 4 往］
3

□【亡くなった著名な先輩作家を悼む文章の中で】
私が児島先生と□知の間柄になったのは、あるパーティーで共通の知人に紹介されたのがきっかけです。
［1 関 2 旧 3 辱 4 既］
3

□【翻訳書を高く評価した書評の中で】
芸術的価値の高い本作品が本邦初の翻訳書として刊行されたことを喜び、訳者に満□の敬意を表するものである。
［1 喫 2 帆 3 面 4 腔］
4

□【作家の日記の中で】
国王陛下のご不□により、明日の晩餐会などの行事が取りやめになった。
［1 例 2 逞 3 吉 4 愍］
1

類義語問題

次の短文中の太字部分の言葉に対して、意味の最も類似した語を選んで、番号で答えなさい。

□ **蒼穹**の下に広がる草原は、はるか地平線まで続いていた。
［1 星空　2 寒空　3 大空　4 青空］
4

□ 画家を目指していた男は、いつしか詩作に**沈潜**していった。
［1 心酔　2 耽溺　3 没頭　4 堕落］
3

□ 土蔵を整理するうちに、**先考**の収集したとおぼしき画幅を多数発見した。
［1 長兄　2 先祖　3 亡父　4 尊者］
3

□ 溢れんばかりの水量を誇るこの滝は当地随一の**瀑布**と讃えられてきた。
［1 急流　2 飛泉　3 長江　4 湧水］
2

□ 帰宅途中、**驟雨**に遭って、濡れ鼠になってしまった。
［1 時雨　2 糠雨　3 俄雨　4 涙雨］
3

□ **華甲**の迎え方も、高齢化が進むなかで変わっていくのだろう。
［1 還暦　2 喜寿　3 米寿　4 傘寿］
1

□ 我が国は、貴国の支配下にある、かの地を**侵蝕**しようなどとは考えていない。
［1　簒奪　2　編入　3　蚕食　4　強奪］　3

□ 汚職事件に**連座**して、市議会議長が起訴されるようだ。
［1　末座　2　即座　3　会座　4　累坐］　4

□ 会計処理について**知悉**している彼が、こんな単純なミスを犯すはずがない。
［1　会得　2　熟練　3　通暁　4　達観］　3

□ 彼女の博士論文は精緻であり、論述を尽くして**余蘊**がない。
［1　誤謬　2　不足　3　無理　4　不満］　2

□ 彼は実直かつ**快活**な人物で、職場の皆から好かれている。
［1　明朗　2　寛大　3　柔和　4　豪快］　1

□ 彼の先祖は江戸時代、**抜け荷**が露顕して島流しになったそうだ。
［1　横領　2　収賄　3　密貿易　4　拿捕］　3

□ 勝利した横綱は、肩をそびやかして**昂然**と花道を引き揚げていった。
［1　凜凜と　2　爛爛と　3　烈烈と　4　揚揚と］　4

□ 再会した母子が抱き合って**啜り泣く**姿に感動した。
［1　慟哭する　2　欷歔する　3　号泣する　4　落涙する］　2

□ 会社に損失を与えた部長に対して、社長が**非を鳴らした**。
［1　暴言を吐いた　2　叱咤した　3　制裁をした　4　糾弾した］　4

【　】の中の言葉に対して、意味の最も類似した語を選んで、番号で答えなさい。

	問題	選択肢	解答
□	【伶人】	［1 麗人　2 楽師　3 囚人　4 策士］	2
□	【塔頭】	［1 内陣　2 頂相　3 厨子　4 子院］	4
□	【山巓】	［1 山稜　2 山麓　3 山腹　4 山頂］	4
□	【清覧】	［1 閲覧　2 展覧　3 高覧　4 笑覧］	3
□	【戒名】	［1 称名　2 俗名　3 法名　4 仏名］	3
□	【遊学】	［1 見学　2 篤学　3 留学　4 私学］	3
□	【先般】	［1 過般　2 今般　3 這般　4 全般］	1
□	【入寂】	［1 寂寞　2 寂滅　3 寂寥　4 寂然］	2
□	【逆旅】	［1 旅客　2 旅館　3 旅情　4 旅程］	2
□	【億劫】	［1 面妖　2 面倒　3 面目　4 面壁］	2
□	【縁起】	［1 縁辺　2 血縁　3 由来　4 吉凶］	3
□	【陶冶】	［1 育成　2 完成　3 醸成　4 造成］	1
□	【跋扈】	［1 飛翔　2 横行　3 殺到　4 収束］	2
□	【慫慂】	［1 嘉賞　2 勧奨　3 懇願　4 委譲］	2
□	【烏有に帰する】	［1 灰燼に帰する　2 徒労に帰する　3 無為に帰する　4 画餅に帰する］	1

□【改悟】	［1 後悔 2 悔恨 3 悔悛 4 慚悔］	3
□【門客】	［1 過客 2 食客 3 珍客 4 招客］	2
□【青嵐】	［1 旋風 2 清爽 3 群青 4 薫風］	4
□【紅蓮】	［1 真紅 2 淡紅 3 紅玉 4 紅紫］	1
□【梟将】	［1 知将 2 敵将 3 猛将 4 大将］	3
□【消長】	［1 生死 2 進退 3 伸縮 4 盛衰］	4
□【放埒】	［1 放縦 2 放生 3 豪放 4 追放］	1
□【頭目】	［1 猛者 2 統帥 3 首領 4 権能］	3
□【曽遊】	［1 旧遊 2 清遊 3 外遊 4 周遊］	1
□【雑言】	［1 悪口 2 呻吟 3 冗句 4 風評］	1
□【腊葉】	［1 枯れ葉 2 落ち葉 3 押し葉 4 朽ち葉］	3

対義語問題

次の短文中の太字部分の言葉に対して、（　　）にあてはまる対照的な意味を表す語を選んで、番号で答えなさい。

□ 前大統領はＹ国首相との会談を（　　）し続けてきたが、新大統領は今回の面会の申し入れを**快諾**した。
［1　認否　2　峻拒　3　抗拒　4　黙諾］　2

□ これだけ広い国土を有していると、ひとくちに農業といっても、寒冷地域の（　　）と穀倉地帯の**沃土**とでは、まるで違ったものにならざるを得ない。
［1　凍土　2　瘠土　3　穢土　4　辺土］　2

□ これまで**偽筆**と考えられてきたこの手紙が、専門家の慎重な鑑定によってたしかに芭蕉の（　　）だと認められた。
［1　真如　2　正字　3　能筆　4　直書］　4

□ 十年前に飛行機会社に請われて機内誌に**起筆**したエッセイだが、百回という節目を迎えて（　　）することとした。
［1　擱筆　2　断筆　3　着筆　4　祐筆］　1

□ 昨日**反騰**したと思ったら今日は（　　　　）と、この数日A社の株価は乱高下している。
［1 高騰　2 下降　3 上昇　4 反落］
4

□ 被害者の頭には**鈍器**による傷が認められるが、致命傷になったのは背中の（　　　　）によるもののようだ。
［1 鋭鋒　2 利器　3 尖鋭　4 火器］
2

□ 夫は普段は**訥訥**と話すのだが、好きな本のことになると一転（　　　　）と話し続ける。
［1 切切　2 淡淡　3 喋喋　4 飄飄］
3

□ 風呂に関しては、父は**熱湯**（あつゆ）好き、母は（　　　　）好きと好対照だ。
［1 新湯　2 温湯　3 荒湯　4 若湯］
2

□ 先代は**進取**の気性に富み大胆に改革を進めたが、現在の当主のやることは（　　　　）的なことばかりだ。
［1 後進　2 退嬰　3 逆進　4 退廃］
2

□ 私の知る限り、この問題の解決策について書かれたものは**愚論**ばかりで、（　　　　）というべきものは皆無だ。
［1 卓論　2 正論　3 本論　4 通論］
1

□ 高校生の頃に何事も**悠悠と**こなしているように見えた友人から、実は当時、常に学校の勉強に（　　　　）していたのだと聞かされて驚いた。
［1 懇懇と　2 蕭蕭と　3 綽綽と　4 汲汲と］
4

【　】の中の言葉に対して、対照的な意味を表す語を選んで、番号で答えなさい。

- □ 【灌木】［1 低木　2 巨木　3 喬木　4 古木］　3
- □ 【内憂】［1 外寇　2 外傷　3 外患　4 外圧］　3
- □ 【零本】［1 完本　2 端本　3 古書　4 密書］　1
- □ 【不時】［1 往時　2 一時　3 臨時　4 常時］　4
- □ 【留鳥】［1 野鳥　2 候鳥　3 益鳥　4 飛鳥］　2
- □ 【全豹】［1 一抹　2 一如　3 一斑　4 一瞥］　3
- □ 【懶惰】［1 精励　2 勤倹　3 誠実　4 実直］　1
- □ 【演繹】［1 帰結　2 帰納　3 帰着　4 帰趨］　2
- □ 【弛緩】［1 怠惰　2 膠着　3 切迫　4 緊張］　4
- □ 【栄達】［1 滑落　2 落剝　3 堕落　4 零落］　4
- □ 【古豪】［1 新兵　2 新参　3 新鋭　4 新人］　3
- □ 【粗略】［1 稠密　2 丁重　3 委細　4 懇意］　2
- □ 【存置】［1 禁止　2 停止　3 廃止　4 阻止］　3
- □ 【跋語】［1 緒言　2 識語　3 後序　4 奥付］　1
- □ 【緻密】［1 荒唐　2 粗雑　3 乱雑　4 綿密］　2
- □ 【良風】［1 醜行　2 悪癖　3 弊習　4 暴風］　3

□【中原】〔1 外周　2 周辺　3 辺境　4 境界〕

□【雌伏】〔1 雄健　2 雄弁　3 雄視　4 雄飛〕

□【覇道】〔1 天道　2 仁道　3 王道　4 武道〕

□【瞥見】〔1 凝視　2 監視　3 一見　4 管見〕

□【刹那】〔1 一瞬　2 巨刹　3 永劫　4 永訣〕

□【文治】〔1 独裁　2 武断　3 統帥　4 暴政〕

□【茅屋】〔1 玉堂　2 石室　3 客舎　4 本宅〕

3　4　3　1　3　2　1

分類問題

それぞれ共通する漢字を含む1～4の熟語の中から、その漢字が他とは異なった意味で使われているものを一つ選んで、番号で答えなさい。

	漢字	選択肢	解答
□	**協**	「1 協定　2 協同　3 協会　4 協賛」	1
□	**見**	「1 接見　2 識見　3 会見　4 引見」	2
□	**底**	「1 底面　2 基底　3 底本　4 根底」	1
□	**通**	「1 通俗　2 普通　3 交通　4 通例」	3
□	**保**	「1 保存　2 保護　3 確保　4 保有」	2
□	**対**	「1 応対　2 対照　3 相対　4 対比」	1
□	**略**	「1 略奪　2 攻略　3 略取　4 計略」	4
□	**劇**	「1 劇的　2 劇変　3 劇務　4 劇痛」	1
□	**引**	「1 引責　2 援引　3 引例　4 索引」	1
□	**情**	「1 情況　2 厚情　3 情状　4 下情」	2
□	**故**	「1 故国　2 故主　3 物故　4 故旧」	3
□	**約**	「1 集約　2 約定　3 要約　4 約説」	2
□	**服**	「1 敬服　2 頓服　3 帰服　4 服従」	2
□	**白**	「1 建白　2 潔白　3 表白　4 告白」	2
□	**諷**	「1 諷刺　2 諷詠　3 諷意　4 諷諫」	2

解答のポイント

【協】…2「協同」、3「協会」、4「協賛」の「協」は、「力を合わせる」意を表す。1「協定」の「協」は、「話し合って物事をまとめる」意を表す。

【見】…1「接見」、3「会見」、4「引見」の「見」は、「人に会う」意を表す。2「識見」の「見」は、「物の見方」という意を表す。

【底】…2「基底」、3「底本」、4「根底」の「底」は、「もとになるもの」という意を表す。1「底面」の「底」は、「いちばん低いところ」という意を表す。

【通】…1「通俗」、2「普通」、4「通例」の「通」は、「広く一般に行きわたる」意を表す。3「交通」の「通」は、「行き来する」意を表す。

【保】…1「保存」、3「確保」、4「保有」の「保」は、「しっかりと持ち続ける」という意を表す。2「保護」の「保」は、「大切に守る」という意を表す。

【対】…2「対照」、3「相対」、4「対比」の「対」は、「並べて比べる」という意を表す。1「応対」の「対」は、「相手になって受け答えする」という意を表す。

【略】…1「略奪」、2「攻略」、3「略取」の「略」は、「他の領分に入ってうばいとる」という意を表す。4「計略」の「略」は、「筋道を立てた計画」という意を表す。

【劇】…2「劇変」、3「劇務」、4「劇痛」の「劇」は、物の程度や働きが「はげしい」という意を表す。1「劇的」の「劇」は、「芝居」、または、「ドラマ」という意を表す。

【引】…2「援引」、3「引例」、4「索引」の「引」は、「必要な例を取り出す」という意を表す。1「引責」の「引」は、「身にひき受ける」という意を表す。

【情】…1「情況」、3「情状」、4「下情」の「情」は、「物事の実際のありさま」という意を表す。2「厚情」の「情」は、「思いやり」、また、「他人をいたわる心」という意を表す。

【故】…1「故国」、2「故主」、4「故旧」の「故」は、「もとの」、また、「古くからの」という意を表す。3「物故」の「故」は、「亡くなる」という意を表す。

【約】…1「集約」、3「要約」、4「約説」の「約」は、「短く縮める」という意を表す。2「約定」の「約」は、「やくそく」、また、「とりきめ」という意を表す。

【服】…1「敬服」、3「帰服」、4「服従」の「服」は、「権力者などにつきしたがう」という意を表す。2「頓服」の「服」は、「薬などを量を定めて飲む」という意を表す。

【白】…1「建白」、3「表白」、4「告白」の「白」は、「ありのままに言う」、また、「申し上げる」という意を表す。2「潔白」の「白」は、「汚れなどがついていない」という意を表す。

【諷】…1「諷刺」、3「諷意」、4「諷諫」の「諷」は、「遠回しに言う」という意を表す。2「諷詠」の「諷」は、「そらんじる」、また、「声を上げて読む」という意を表す。

			答
□	鳴	〔1 鳴動 2 雷鳴 3 鶏鳴 4 吹鳴〕	3
□	看	〔1 看護 2 看病 3 看守 4 看経〕	4
□	典	〔1 古典 2 辞典 3 特典 4 典籍〕	3
□	発	〔1 発電 2 発刊 3 発令 4 発育〕	4
□	啓	〔1 啓示 2 啓発 3 啓白 4 天啓〕	3
□	方	〔1 方式 2 漢方 3 方円 4 処方〕	3
□	校	〔1 校異 2 校紀 3 校合 4 校正〕	2
□	質	〔1 質量 2 形質 3 質疑 4 実質〕	3
□	転	〔1 栄転 2 反転 3 転居 4 転機〕	2
□	弾	〔1 連弾 2 弾圧 3 弾劾 4 糾弾〕	1
□	機	〔1 機運 2 逸機 3 契機 4 機能〕	4
□	難	〔1 受難 2 危難 3 弁難 4 艱難〕	3
□	与	〔1 与件 2 寄与 3 参与 4 与奪〕	3
□	員	〔1 員数 2 所員 3 員外 4 満員〕	2
□	界	〔1 国界 2 結界 3 角界 4 境界〕	3
□	起	〔1 起居 2 発起 3 起業 4 決起〕	1
□	賞	〔1 鑑賞 2 賞味 3 推賞 4 賞翫〕	3
□	書	〔1 児童書 2 専門書 3 稟議書 4 新刊書〕	3

解答のポイント

【鳴】…1「鳴動」、2「雷鳴」、4「吹鳴」の「鳴」は、「鳴る」、つまり、「音を出す、音を立てる」の意である。3「鶏鳴」の「鳴」は、「鳥が鳴く」意を表す。

【看】…1「看護」、2「看病」、3「看守」の「看」は、「見守る、見守って世話をする」意を表す。4「看経（カンキン）」の「看」は、「禅宗で、声を出さないで経文を読む」意を表す。

【典】…1「古典」、2「辞典」、4「典籍」の「典」は、「何かの拠り所となる評価の高い書物」の意を表す。3「特典」の「典」は、「何らかの理由で特別な計らいを受ける」意を表す。

【発】…1「発電」、2「発刊」、3「発令」の「発」は、「新たに何かを始める、生ずる」意を表す。4「発育」の「発」は、「成長する、有用なものへと変化させる」意を表す。

【啓】…1「啓示」、2「啓発」、4「天啓」の「啓」は、「人に何かを気づかせる、教え導く」意を表す。3「啓白」の「啓」は、「拝啓」「謹啓」の「啓」と同じく、「申し上げる」の意。

【方】…1「方式」、2「漢方」、4「処方」の「方」は、「（決まった）やりかた」の意を表す。3「方円」の「方」は、「四角（形）」の意を表す。「前方後円墳」「方陣」などの「方」も同じ。

【校】…1「校異」、3「校合」、4「校正」の「校」は、「異本どうしを相互に比較対照したり、原稿と印刷したものをつき合わせたりする」こと。2「校紀」の「校」は、「学校」の意。

【質】…1「質量」、2「形質」、4「実質」の「質」は、存在物を構成する成分となるもの、つまり「物質」の意を表す。3「質疑」の「質」は、「不明な点について問いただす」意を表す。

【転】…1「栄転」、3「転居」、4「転機」の「転」は、「今までとは異なる場所や立場に移る」意を表す。2「反転」の「転」は、「ひっくり返る、ひっくり返す」意を表す。

【弾】…2「弾圧」、3「弾劾」、4「糾弾」の「弾」は、「罪を指摘して、責め立てる」という意味を表す。1「連弾」の「弾」は、「楽器をならす」という意味を表す。

【機】…1「機運」、2「逸機」、3「契機」の「機」は、「物事がおこるきっかけ」という意味を表す。4「機能」の「機」は、「心や物のはたらき」という意味を表す。

【難】…1「受難」、2「危難」、4「艱難」の「難」は、「つらい事態」や「災い」という意味を表す。3「弁難」の「難」は、「非を責める」という意味を表す。

【与】…1「与件」、2「寄与」、4「与奪」の「与」は、「あたえる」という意味を表す。3「参与」の「与」は、「物事とかかわりができる」という意味を表す。

【員】…1「員数」、3「員外」、4「満員」の「員」は、「決められた数」の意を表す。2「所員」の「員」は、「組織や団体を構成する人」の意を表す。

【界】…1「国界」、2「結界」、4「境界」の「界」は、「さかい」また、「くぎり」という意を表す。3「角界」の「界」は、「そのことを専門とする人の集まり」という意を表す。

【起】…2「発起」、3「起業」、4「決起」の「起」は、「物事を始める」意を表す。1「起居」の「起」は、「おきあがる」意を表す。

【賞】…1「鑑賞」、2「賞味」、4「賞翫」の「賞」は、「すぐれた点を楽しんで味わう」意を表す。3「推賞」の「賞」は、「ほめる」意を表す。

【書】…1「児童書」、2「専門書」、4「新刊書」の「書」は、「書物」の意であるが、3「稟議書」の「書」は、「文書」の意を表す。

誤字訂正問題(2)

1 次の文は、あるホームセンターが、来店したお客さんに「手作りの思い出」「自慢の手作り品」「手作りしてみたいもの」を聞いた結果を一覧にしたものです。見直してみると、漢字表記についてかなりの誤りがありました。ア〜ツの——部分の表記が適切である場合には○を、適切でない場合には×を記入してください。なお、ここでは漢字表記の誤りのみを対象として、送り仮名については対象としません。また、記述内容の真偽や是非についても問題としません。

□ □ 虫籠を作り、**ア**蟋蟀を捕ってきて入れ、一晩、鳴き声を聞いて秋を感じた思い出がある。

□ 子どもの頃、夏によく**イ**汗疹ができて痒がっていたら、祖母がビワの葉を煎じたものを作って塗ってくれた。

□ □ パンを焼くことを覚え、最近は天然**ウ**酵母も作って、安心、安全な食生活を目指している。

□ 小学生のときの宿題の工作で、兄が作ってくれたものを**エ**恰も自分が作ったような顔で提出したら、コンクールに出品することになってしまった。

□ 今、住んでいる地域の地理・歴史に興味を持っているので、**オ**委極をつくした歴史地図を作ってみたい。

□ 妻に頼まれて棚を作って壁に設置したが、どうも**カ**徴妙に傾いているようだ。

□ 友人と費用を**キ**摂半して、庭にゴルフ練習のためのネットを作り、練習している。

□おせち料理は毎年作っています。レンコンや里芋などのク縁技物は必ず入れています。

□幼稚園で使うバッグを娘のために縫った。あんまりケ見栄えはしないけど、娘はとても喜んでくれた。

□友人が作ってくれた手染めのクッションカバーは、仕事に疲れた私にはコ一幅の清涼剤になっています。

□猫の額ほどの庭でサ素菜を作っています。毎日の食卓にのぼり、小さいけれど自慢です。

□夏に向けて今からシ浴衣を縫っています。今度こそ、これを着て花火大会に行きたい。

□アルコール度数が一パーセント未満なら自家醸造しても法律にス抵触しないことを知ったので、花見用に今からビールを造りたい。

□釘やセ捻子、接着剤を使わない、昔ながらの接合方法で自分の机を作ってみたい。

□玄関前のソ水溜まりが気になっていたので、レンガで敷石をしてみたら、意外にうまくできた。

□ずっとタ菅楽器を作る仕事をしてきたが、そろそろやめることを考えているので、最後を飾れるような作品を作りたい。

□今まで作ってきた俳句をまとめて、和本を作り、チ装丁にも凝ってみたら、たいしたことのない俳句でも、なんだかいいものに思えてきた。

□薪ストーブに憧れて購入し、ストーブの周りの煉瓦を自分で貼って、今年の冬はツ贅沢な気分で過ごせそうです。

解答

ア…× イ…○ ウ…○ エ…○ オ…× カ…× キ…×
ク…× ケ…○ コ…× サ…× シ…○ ス…× セ…○
ソ…○ タ…× チ…○ ツ…×

解答のポイント

ア 「蟋蟀《こおろぎ》」が正しい。 **イ** 適切な表記。 **ウ** 適切な表記。 **エ** 適切な表記。 **オ** 「委曲」が正しい。 **カ** 「微妙」が正しい。 **キ** 「折半」が正しい。 **ク** 「縁起物」が正しい。 **ケ** 適切な表記。 **コ** 「一服」が正しい。 **サ** 「蔬菜」が正しい。 **シ** 適切な表記。 **ス** 「抵触」が正しい。 **セ** 適切な表記。 **ソ** 適切な表記。 **タ** 「管楽器」が正しい。 **チ** 適切な表記。 **ツ** 「贅沢」が正しい。

2 次の文は、ある雑誌が行ったアンケート「新入社員のときの思い出」に寄せられたものですが、漢字表記の点でかなりの誤りがありました。ア〜ツの――部分の表記が適切である場合には○を、適切でない場合には×を記入してください。なお、ここでは漢字表記の誤りのみを対象として、送り仮名については対象としません。また、記述内容の真偽や是非についても問題としません。

□ 人前で話すことが苦手で、プレゼンテーションが不安だったが、先輩のおかげでそれも**ア**気憂に終わったこと。

□ まずは与えられた事務を**イ**遺漏なくこなすことを毎日心がけていました。

□ 初めてもらった給料で両親に寿司を**ウ**ご馳走し、喜んでもらえたことが忘れられません。

□ 和食については**エ**一家言ある上司に、時々、夕食に連れて行ってもらい、食材のいろいろな食べ方を知ったこと。

□ 新入社員歓迎会で、**オ**嵌めを外し過ぎてしまい、翌日、先輩社員から白い目で見られてしまいました。

□ 外資系の**カ**纖練された会社だと思って最初は緊張していましたが、意外にのんびりした雰囲気だとわかり、ほっとしました。

□ ウン十年前に、**キ**お茶汲みは女性の仕事なんて言われていたのが嘘のようです。

□ とても**ク**功率的な仕事の仕方をする先輩を見て、自分もあんな風になりたいと思っていましたが、さて、なれたかなあ……

□働き始めて一年が過ぎたころ、憧れの先輩に**ケ**思いの岳を打ち明けようと決心したものの、先輩は思いがけず転勤となってしまいました。

□野球用品の開発をする会社に入りましたが、実力の**コ**拮抗している球団どうしに用具を提供するときにはとても気を遣いました。

□見かけが年齢より上に見えるようで、営業の挨拶回りで、「新人にしては**サ**籐が立っているねえ」と言われてしまったこと。

□ツアー旅行で添乗したときに、突発的な事故が起こったのですが、お客さんを誘導して安全に避難できたときには、ほんとうに**シ**安堵しました。

□営業のプレゼンテーションに**ス**満を辞して臨んだつもりが、ライバル会社に契約を持っていかれてしまったこと。

□**セ**徳実な人柄の上司のおかげで、相手の気持ちを思いやりながら仕事をする大切さを実感できたことは今も役立っています。

□食品会社で働いていますが、**ソ**乙な味の酒のつまみを開発する仕事をして以来、自宅で料理をするようになりました。

□ある資格試験に合格すると、国際貢献の**タ**一翼を担う仕事に就けると聞き、猛勉強しました。

□敬語の使い方が難しく、特に電話で顧客と話すときは舌を**チ**噛みそうでした。今もそうですが……

□ひとつひとつの事案を、**ツ**凛議書を回して進めるやり方を見て、大きな組織にいることを実感しました。

解答

ア…×　イ…○　ウ…○　エ…○　オ…×　カ…×　キ…○
ク…×　ケ…×　コ…○　サ…×　シ…○　ス…×　セ…×
ソ…○　タ…○　チ…○　ツ…×

解答のポイント

ア「杞憂」が正しい。**イ** 適切な表記。**ウ** 適切な表記。**エ** 適切な表記。**オ**「羽目」が正しい。**カ**「洗練」が正しい。**キ** 適切な表記。**ク**「効率的」が正しい。**ケ**「思いの丈」が正しい。**コ** 適切な表記。**サ**「薹が立って」が正しい。**シ** 適切な表記。**ス**「満を持して」が正しい。**セ**「篤実な」が正しい。**ソ** 適切な表記。**タ** 適切な表記。**チ** 適切な表記。**ツ**「稟議書」が正しい。

3 次の文は、ある人が動物園のツアーガイドに参加して、動物の生態などを聞いてメモしたものですが、漢字表記の点でかなりの誤りがありました。ア～ツの――部分の表記が適切である場合には○を、適切でない場合には×を記入してください。なお、ここでは漢字表記の誤りのみを対象として、送り仮名については対象としません。また、記述内容の真偽や是非についても問題としません。

□ この動物園では、できるだけ檻ではなくア濠で囲んで展示するようにしている。

□ イ稀小動物も展示して、種の保存についても来場者に考えてもらいたいというコンセプトがある。

□ キリン…最も背が高い動物で体に比べて首が長いのがウ特徴。枝を扱いて葉だけを食べられるように犬歯が二～三叉に分かれている。

□ アフリカゾウ…現存の陸生生物では最大。危険が迫ると成獣が幼獣の周りで外敵からエ洒蔽するようにして保護する。

□ コウテイペンギン…南極大陸のオ凍てつく寒さの中、父ペンギンが三週間以上絶食しつつ母ペンギンが餌を持ち帰るまで卵を温める。

□ アカカンガルー…発情期にはオスはカ殴り合いも見せるが、実はパンチよりもキックのほうが威力がある。

□ トラ…長距離を走ることは不得意で、茂みに身を隠しながら獲物に接近する。トラの模様は茂みで体の輪郭をキ暈すのに役立つ。

□ サイ…皮膚は動物の中でもいちばんク硬質で、鎧で覆われているようである。耳をさまざまな方向に向けることができる。

□オランウータン…密猟や熱帯林の伐採、地球温暖化などによる環境の変化は、生息の大きな**ケ**驚異になっている。

□狼…群れは**コ**縄貼りを持って生活している。いろいろな種があるが、ベルクマンの法則通り、緯度が高いほど大きい。

□シマウマ…一見おとなしそうだが、意外と**サ**獰猛でオス同士の争いは激しく、遠くからでもその様子が伝わる声が聞こえることもある。

□チンパンジー…仲間同士で**シ**擽りあったり追いかけっこをしたりして笑っているように見えるが、この歯を見せる表情は実は怖がっているとき。

□フラミンゴ…気温の変化に**ス**耐生がある。捕食動物や獲物が同じ鳥類が生活できないような塩湖でも、百万羽にもなる群れで生活する。

□ライオン…**セ**千陣の谷に子を落とす、というのは中国の伝説上の獅子の逸話。群れを襲う外敵にはオスが立ち向かう。

□エミュー…オーストラリアの砂地で暮らし、どんな環境でも生きていける**ソ**強迅な生命力がある。オスとメスでは鳴き声が違う。

□チーター…時速百キロのスピードで走り、獲物を追跡する。動物の**タ**死劾は食べない。顎の力はあまり強くない。

□フクロウ…**チ**嘴の先端が下方向に曲がっているのは、視界が広くなるためだとか。日本の森にも生息する馴染みのある鳥。

□ 動物の生態に詳しいツ専門家の話は本当におもしろかった。動物園は子どもが楽しむだけの場所ではないことが分かり有意義だった。

解答　ア…○　イ…×　ウ…○　エ…×　オ…○　カ…○　キ…○
ク…○　ケ…×　コ…×　サ…○　シ…○　ス…×　セ…×
ソ…×　タ…×　チ…○　ツ…×

解答のポイント　**ア**　適切な表記。　**イ**　「希少」または「稀少」が正しい。　**ウ**　適切な表記。　**エ**　「遮蔽」が正しい。　**オ**　適切な表記。　**カ**　適切な表記。　**キ**　適切な表記。
ク　適切な表記。　**ケ**　「脅威」が正しい。　**コ**　「縄張り」が正しい。　**サ**　適切な表記。
シ　適切な表記。　**ス**　「耐性」が正しい。　**セ**　「千尋」または「千仞」が正しい。
ソ　「強靱」が正しい。　**タ**　「死骸」または「屍骸」が正しい。　**チ**　適切な表記。
ツ　「専門家」が正しい。

4

次の文は、映画雑誌に寄せられた、ある作品を劇場で見た人たちのコメントを抜粋したものですが、漢字表記の点でかなりの誤りがありました。ア～ツの――部分の表記が適切である場合には○を、適切でない場合には×を記入してください。なお、ここでは漢字表記の誤りのみを対象として、送り仮名については対象としません。また、記述内容の真偽や是非についても問題としません。

□ 古典作品のリメイクで人口にア膾炙した話なのに、とても新鮮に思えた。

□ 構成にイ致密さが欠けていて、細かいところでよく分からない点が残った。

□ 重厚な作品だが、ところどころにウ階謔味があるのがよい。

□ 売出し中の若手を抜擢して、エ芸脱者のベテランを脇に配したキャスティングに感心した。

□ 若手俳優に主演がつとまるのかと思っていたが、全くのオ杞憂だった。

□ 往年の名優が獅子カ奮迅の活躍を見せてくれて、懐かしさを覚えた。

□ 主人公をめぐる母親と恋人との間のキ葛藤が巧みに表現されている。

□ ずっとあった親子間のク厚轢が、最後で消滅したので、胸をなでおろした。

□ 主人公を信じ続けるヒロインの、ケ真摯な姿に魅了された。

□ 主人公が戦地に赴くことをコ逡巡するところは、同世代の人間として身につまされた。

□ 病にサ臥せることになったヒロインが、それを恋人に知らせずにいるのが何とも不可解。

□ 恋人の死を知ってシ動哭するシーンに引きこまれ、思わず涙した。

□ 近年の映画では珍しい、ス陰影を巧みに使ったカメラワークが秀逸。

□ ラストシーンで流れる**セ**哀秋を帯びた音楽が今でも耳を離れない。

□ 主人公と父親との**ソ**確執を、もっと丁寧に描いてほしかった。

□ 親子が和解する場面など、原作の小説から大きく**タ**改編されているのが残念。

□ 同監督の過去の映画賞受賞作と比べても、**チ**遜触ない作品だ。

□ 後世に**ツ**連綿と受け継がれるべき、稀に見る名作であると思う。

解答

ア…○　**イ**…×　**ウ**…×　**エ**…×　**オ**…○　**カ**…○　**キ**…○
ク…×　**ケ**…○　**コ**…○　**サ**…○　**シ**…×　**ス**…○　**セ**…×
ソ…○　**タ**…×　**チ**…×　**ツ**…○

解答のポイント　**ア** 適切な表記。　**イ** 「緻密」が正しい。　**ウ** 「諧謔味」が正しい。
エ 「芸達者」が正しい。　**オ** 適切な表記。　**カ** 適切な表記。　**キ** 適切な表記。
ク 「軋轢」が正しい。　**ケ** 適切な表記。　**コ** 適切な表記。　**サ** 適切な表記。
シ 「慟哭」が正しい。　**ス** 適切な表記。　**セ** 「哀愁」が正しい。　**ソ** 適切な表記。
タ 「改変」が正しい。　**チ** 「遜色」が正しい。　**ツ** 適切な表記。

5

次の文は、日本の世界遺産観光のためのメモとして書いたものです。見直してみると、漢字表記の点でかなりの誤りがありました。ア～テの――部分の表記が適切である場合には○を、適切でない場合には×を記入してください。なお、ここでは漢字表記の誤りのみを対象として、送り仮名については対象としません。また、記述内容の真偽や是非についても問題としません。

□ ユネスコの世界遺産に登録されるには一定のア基準を満たすことが必要である。

□ 明治日本の産業革命遺産…長崎県の通称「軍艦島」など全国八県にまたがる二十三の多様な遺産を関連付けている。今もイ現役で使われている施設も含まれる。

□ 白神山地…人間の影響をほとんど受けていない原生的なブナの天然林が世界最大級のウ規模で分布している。

□ 平泉…藤原氏がエ潤択な財力を使って造り上げた、仏国土を表す建築や庭園など。古代から中世にかけての地方文化を代表するもの。

□ 日光の社寺…東照宮の建造物は人類の創造的才能を表すオ傑作といわれる。

□ 富士山…霊峰富士は山岳信仰の対象としてカ崇拝され、古くから文学・芸術作品などに描かれている。

□ 白川郷・五箇山の合掌造り…白川郷は、岐阜県飛騨地方の庄川流域のキ個称であり、豪雪に対応した建築様式の家屋は見事である。

□ 京都…平安時代から長くク繁栄。多くの建造物や庭園は日本文化の象徴ともいえる。

□奈良…古都平城京はケ碁盤目状に整然と区画され、その建造物群は神道や仏教などの日本の宗教的空間の特徴を示している。

□法隆寺…美しいコ装飾が施された世界最古の木造建造物。七～十八世紀の建造物も現存し、様式の変遷も確認できる。

□紀伊山地の霊場と参詣道…三つの霊場が参道で結ばれ、古来の神道とサ途来の仏教との融合文化が育まれた。

□姫路城…十七世紀初頭の、防御にもシ創意をこらした、日本独自の城郭を代表する建造物。美しく華麗な姿は白鷺にたとえられている。

□石見銀山遺跡…十六世紀から二十世紀にかけてス採堀から精錬まで行った鉱山跡を中心とした遺跡がある。

□原爆ドーム…核兵器によるセ惨状を伝える世界で唯一の建造物。恒久平和を訴えている。

□厳島神社…二度の火災に遭った厳島神社の修復は、平安時代、鎌倉時代の建築様式を残すように非常にソ生硬な方法で行われている。

□屋久島…樹齢千年を超える屋久杉が有名。火山活動により花崗岩が海面にタ隆起したといわれる。

□小笠原諸島…世界有数の透明度を誇る海に囲まれた自然の宝庫で、特異なチ生体系を維持している。

□琉球王国のグスク…グスクは、沖縄に数多くある琉球時代の居城跡。当時の社会構造のツ痕蹟を残し、今も祖先を敬う住民の心のよりどころになっている。

□富岡製糸場…世界の絹産業の発展に貢献。日本特有の産業建築様式である木骨煉瓦造の出現を示す

テ 卓越した建物群。

解答 ア…○ イ…○ ウ…○ エ…× オ…○ カ…○ キ…×
ク…○ ケ…× コ…○ サ…× シ…○ ス…× セ…○
ソ…× タ…○ チ…× ツ…× テ…○

解答のポイント **ア** 適切な表記。 **イ** 適切な表記。 **ウ** 適切な表記。 **エ** 「潤沢」が正しい。 **オ** 適切な表記。 **カ** 適切な表記。 **キ** 「呼称」が正しい。 **ク** 適切な表記。 **ケ** 「碁盤目状」が正しい。 **コ** 適切な表記。 **サ** 「渡来」が正しい。 **シ** 適切な表記。 **ス** 「採掘」が正しい。 **セ** 適切な表記。 **ソ** 「精巧」が正しい。 **タ** 適切な表記。 **チ** 「生態系」が正しい。 **ツ** 「痕跡」が正しい。 **テ** 適切な表記。

コラム問題1「色や植物の名前」● 次の文中の太字部分の読みを書きなさい。

□ 鮮やかなピンク色。紫がかった淡赤色。**躑躅**色。	つつじ
□ 薄い青紫色。**竜胆**色。	りんどう
□ クヌギの実など染料に用いて染めた色を**橡**色という。	つるばみ
□ やや薄い藍色。奈良時代からの古い色名。**縹**色。	はなだ
□ 赤みがかった茶褐色。同名の鳥の羽の色のような**鳶**色。	とび
□ 黄みが強く明るい黄緑色。小さな渡り鳥の羽の色。**鶸**色。	ひわ
□ 緑がかった薄い藍色。新撰組の「**浅葱**色のダンダラ羽織」も有名。	あさぎ
□ 夏になると橙や黄の百合に似た花を咲かせる**萱草**の花の色。	かんぞう
□ 朱色のような赤みが強い橙色のこと。「**朱華**色をした彼岸花」。	はねず
□ **女郎花**色は、若干の灰みのある黄で、実際の女郎花より薄い色彩。	おみなえし
□ 欧州からやってきた青い小花、**勿忘草**の色。	わすれなぐさ
□ 落ち着きのある深く渋い緑色。**木賊**色。	とくさ
□ お釈迦様が鬼子母神に与えた果物ともいわれる**柘榴**の色。	ざくろ
□ ややくすんだ鈍い黄色。**辛子**色。	からし

コラム問題２「色の名前」● 次の文中の太字部分を漢字に直しなさい。

□ 濃く明るい赤色。深紅色。「**ヒ**色のマント」。	緋
□ アカネの根で染めた濃い赤。「**アカネ**色の空」。	茜
□ コハクのような透明感のある赤みの黄色。「**コハク**色の液体」。	琥珀
□ 紅サンゴのような明るいピンク。**サンゴ**色。	珊瑚
□ 紫がかった赤色。「**スオウ**色の着物」。	蘇芳
□ ワサビをすりおろしたときの、くすみのある黄緑色。**ワサビ**色。	山葵
□ ほんのり紫みを帯びた濃い青色。「**ルリ**色の空」。	瑠璃
□ 「アイボリー」で知られる、灰みと黄みを帯びた白色。**ゾウゲ**色。	象牙
□ 古くから大切にされてきた宝石のような美しい**ヒスイ**色。	翡翠
□ 鮮やかな黄色がまぶしい**タンポポ**色。	蒲公英
□ 早春を告げるウグイスの羽色のようなくすみのある黄緑色。**ウグイス**色	鶯
□ 深く艶のある黒色のこと。「**シッコク**の闇」。	漆黒
□ 侘び寂びの心に通じる、趣のある深い緑。**コケ**色。	苔
□ わずかに紫がかった薄い紅色。平安時代からの伝統色。**ナデシコ**色。	撫子

コラム問題3「文豪の代表作」

● 次の文中の太字部分を漢字に直しなさい。

□ 夏目漱石の代表作『**ワガハイ**は猫である』。	吾輩
□ 夏目漱石の代表作『**グビジンソウ**』。	虞美人草
□ 森鷗外の代表作『**ガン**』。	雁
□ 芥川龍之介の代表作『**クモ**の糸』。	蜘蛛
□ 芥川龍之介の代表作『**ラショウモン**』。	羅生門
□ 徳富蘆花の代表作『**ホトトギス**』。	不如帰
□ 梶井基次郎の代表作『**レモン**』。	檸檬
□ 有島武郎の代表作『カインの**マツエイ**』。	末裔
□ 佐藤春夫の代表作『田園の**ユウウツ**』。	憂鬱
□ 田山花袋の代表作『**フトン**』。	蒲団
□ 中勘助の代表作『銀の**サジ**』。	匙
□ 三島由紀夫の代表作『**シオサイ**』。	潮騒
□ 尾崎紅葉の代表作『**コンジキヤシャ**』。	金色夜叉
□ 織田作之助の代表作『**メオトゼンザイ**』。	夫婦善哉

コラム問題４「右？左？」● 次の文中の□に、右か左のどちらかを入れなさい。

□ 酒が飲めず、甘い物の好きな人。□党	右
□ 正しくない道。邪道。□道	左
□ 縁起が良いとされる馬の字の絵柄。□馬	左
□ 座っている所のかたわら。手近な所。座□	右
□ 紫宸殿前庭に植えられた桜と橘。□近の桜・□近の橘	左・右
□ 筆をとって文を書くこと。□筆	右
□ 学問・文学を重んじ尊ぶこと。□文	右
□ 果たし状や遺言など、凶事に用いる書状の封の仕方。□封じ	左
□ 物事が思うようにならないこと。□縄	左
□ まわりのことを気にしてばかりいて決断しないこと。□顧□眄	右・左
□ あっちを見たり、こっちを見たりすること。□見□見	左・右
□ 互いに助けあうこと。□提□挈	左・右
□ ヒラメとカレイの見分け方。□平目に□鰈	左・右
□ 君主の左右にいて、政治をたすける臣。□輔□弼	左・右

■主な参考文献

『広辞苑』第七版　岩波書店
『岩波国語辞典』第八版　岩波書店
『岩波新漢語辞典』第二版　岩波書店
『角川漢和中辞典』角川書店
『大修館漢語新辞典』大修館書店
『三省堂国語辞典』第七版　三省堂
『新明解国語辞典』第八版　三省堂
『大辞泉』第二版　小学館
『日本語検定必勝単語帳　発展編』東京書籍
『散歩が楽しくなる日本の色手帳』東京書籍

日本語検定のご案内

❶日本語検定の特徴

1 日本語の総合的な能力を測ります。

漢字や語彙《ごい》など特定の領域に限定せず、日本語の総合的な運用能力を測ります。そのため、6つの領域から幅広く出題します。

1 敬語　2 文法(言葉のきまり)　3 語彙　4 言葉の意味　5 表記　6 漢字

2 生活場面を想定した問題で、実感をもって取り組むことができます。

小学生から大人までを対象とする日本語検定では、各級受検者の世代や社会的な役割を想定し、出題内容をそれぞれの生活場面に合わせています。

3 得意な領域・不得意な領域がわかり、自分の日本語を見直すきっかけになります。

受検者一人ひとりに作成される個人カルテ（成績表）には、小問ごとの正誤のほか、領域別得点率なども記されます。これによって、自分の得意な領域やのばす必要のある領域がわかり、自分自身の日本語を見直すことができます。

❷検定問題

6領域＋総合問題で日本語力を幅広く判定

総合問題

6領域の力を総合的に発揮しながら、文章や図表などを論理的に読み解き、その内容や言おうとすることを的確に捉えることができる。

敬語　場面や相手に応じて、尊敬語や謙譲語を適切に使い分けることができる。

文法　規範的な文法にしたがって語と語を連接させることができる。

語《ご》彙《い》　さまざまな言葉を正しく理解し、適切に使うことができる。

言葉の意味　慣用句なども含め、意味と用法を的確に把握することができる。

表記　漢字、仮名遣い、送り仮名について、文脈に合った適切な使い方をすることができる。

漢字　漢字や熟語の読み方と意味を理解し、適切に使い分けることができる。

❸受検級について

受検級	認定級*	各級のレベル	受検の目安						
			社会人	大学生	高校生	中学生	小学校高学年	小学校中学年	小学校低学年
1級	1級／準1級	社会人上級レベル							
2級	2級／準2級	大学卒業～社会人中級レベル							
3級	3級／準3級	高校卒業～社会人基礎レベル							
4級	4級／準4級	中学校卒業レベル							
5級	5級／準5級	小学校卒業レベル							
6級	6級／準6級	小学校4年生レベル							
7級	7級／準7級	小学校2年生レベル							

＊得点率に応じて、2種類の認定があります。

❹受検時間について（一般会場）

級	受検時間	検定開始	級	受検時間	検定開始
1級	60分	13：30	2級	60分	11：00
3級	60分	13：30	4級	50分	11：00
5級	50分	13：30	6級	50分	11：00
7級	50分	13：30			

＊検定開始時刻が異なる級に限り、併願受検も可能です。

❺認定の基準について

日本語の総合的な能力を測る

6つの領域でバランスよく得点することが必要です。
領域別得点率が50%に満たない領域がある場合には、認定されません（7級を除く）。
総合得点率と領域別得点率の両方の基準を満たすことで認定されます。

<table>
<tr><th>認定級</th><th>総合得点率</th><th>領域別得点率</th></tr>
<tr><td>1級</td><td>80%程度以上</td><td rowspan="12">50%以上</td></tr>
<tr><td>準1級</td><td>70%程度以上</td></tr>
<tr><td>2級</td><td>75%程度以上</td></tr>
<tr><td>準2級</td><td>65%程度以上</td></tr>
<tr><td>3級</td><td>70%程度以上</td></tr>
<tr><td>準3級</td><td>60%程度以上</td></tr>
<tr><td>4級</td><td>70%程度以上</td></tr>
<tr><td>準4級</td><td>60%程度以上</td></tr>
<tr><td>5級</td><td>70%程度以上</td></tr>
<tr><td>準5級</td><td>60%程度以上</td></tr>
<tr><td>6級</td><td>70%程度以上</td></tr>
<tr><td>準6級</td><td>60%程度以上</td></tr>
<tr><td>7級</td><td>70%程度以上</td><td rowspan="2">領域なし</td></tr>
<tr><td>準7級</td><td>60%程度以上</td></tr>
</table>

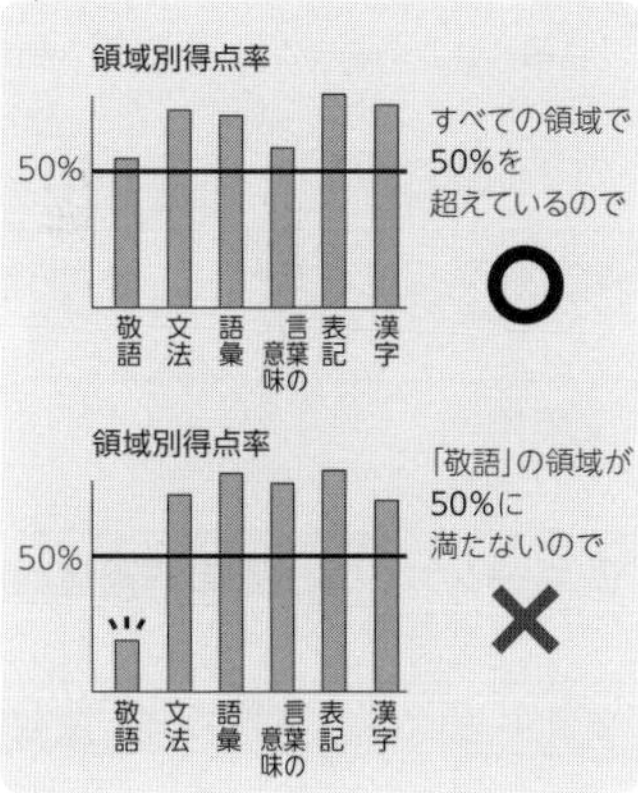

❻個人受検の流れ

＊団体受検につきましては、日本語検定委員会事務局までお問い合わせください。

1.願書の入手	①取扱書店・商工会議所・代理店などで入手 ②委員会事務局へ電話で請求（0120-55-2858） ③ホームページからダウンロード、またはメールで請求
2.受検料の支払い ※お支払い後の取り消し・返金・次回検定への繰り越しはできませんのでご注意ください。	①取扱書店・商工会議所・代理店などで受検料を支払い、「書店払込証書」を受け取る。 ②郵便局または銀行の下記口座に受検料を振り込み、「払込受領証」を受け取る。 **［郵便振替］** 口座番号　００１９０－３－５７８３１８ 特定非営利活動法人　日本語検定委員会 **［銀行振込］** 三菱UFJ銀行　王子支店 普通口座　００２３７７４ カナ　トクヒ）ニホンゴケンテイイインカイ 名義　特定非営利活動法人　日本語検定委員会 ③ホームページで申し込み・支払い ※お支払い方法は、 クレジットカード決済・コンビニ決済・ペイジーから選択できます。
3.出願 ※公式ホームページから申し込みの場合を除く	願書に必要事項を記入し、「書店払込証書」または「払込受領証」を、返信用63円切手と共に専用封筒に入れ、委員会事務局へ郵送する。 ※受検料をお支払いになっていても、上記書類が未着の場合はお申し込みが無効となりますのでご注意ください。
4.受検票の受け取り	検定日の約1週間前
5.受検	
6.ホームページ上での解答速報閲覧	検定日の数日後
7.ホームページ上での合否速報閲覧	検定日の約25日後
8.個人カルテ・認定証の受け取り	検定日の約30日後

【編者紹介】
眞野道子（まの・みちこ）
2008年名古屋大学大学院文学研究科博士後期課程修了。博士（文学）。
現在、名古屋工業大学留学生センター特任准教授、
名古屋大学大学院人文学研究科非常勤講師。
2014年から日本語検定の問題作成に取り組む。
主な編著に『日本語検定公式領域別問題集漢字・表記　改訂版』がある。

カバーイラスト…………福政真奈美
装丁…………………………難波邦夫（ミントデザイン）
DTP…………………………牧屋研一

日本語検定《にほんごけんてい》 公式《こうしき》「難読漢字《なんどくかんじ》」問題集《もんだいしゅう》 1級《いっきゅう》2級《にきゅう》

第1刷発行　2021年9月16日

監　　修　日本語検定委員会《にほんごけんていいいんかい》
編　　者　眞野道子《まのみちこ》
発 行 者　千石雅仁
発 行 所　東京書籍株式会社
〒114-8524　東京都北区堀船2-17-1
電話 03-5390-7531（営業）　03-5390-7455（編集）
日本語検定委員会事務局
フリーダイヤル 0120-55-2858
印刷・製本　株式会社リーブルテック

ISBN978-4-487-81456-5C0081

東京書籍　https://www.tokyo-shoseki.co.jp
日本語検定委員会　https://www.nihongokentei.jp